Practical
Candleburning Rituals

Spells and Rituals for Every Purpose

魔法蠟燭寶典

金錢、愛情、療癒
實現*28*種人生願望

雷蒙德・巴克蘭 *Raymond Buckland* 著　*Sada* 譯

目錄

第二部 基督教儀式

譯者導讀——

給初學者的簡易魔法書

多年前，我跟另一半去美術館看剛果文物展，一進門我就後悔了，舉目所見都是一堆木頭人偶，上面插了很多根鐵釘，我一輩子也沒見過這種東西，雖然我對剛果文物沒有意見，無奈身體不聽使喚。當下頭痛欲裂，我都快要吐了，趕忙拉著一頭霧水的另一半奪門而出，再晚一步，我真的要吐在美術館展場了。這就是我跟交感巫術接觸的第一次經驗。

事後我找了網路資料，發現這些人偶是作法祈福用的，具體用來做什麼，館方沒寫清楚，但我感覺這是除去某些障礙用的。

如果您是敏感體質的人，一定能明白我的意思，無論是否了解對方的文化，您可透過能量、表情甚至氛圍，去感受對方的情緒，魔法也是如此！人和人能交互相通的感受不分文化和語言，憑著生活經驗與直覺，您還是能知道眼前這個人是在生氣，還是在傷心……魔法就是一種感受的掌握，您不一定能用言語描述得精確，但您可以感受出來那是怎樣的感覺。

掌握了感受，就懂了魔法的精髓

雷蒙德·巴克蘭是近代威卡巫術系統的宗師，自成一派，當他自一九六二年移居到美國後，也將英國的新威卡信仰帶去了美國，並且成立了美國第一座威卡博物館。

由於他的英國與羅馬尼亞混血背景，他不但出版了以盎格魯薩克遜系統的威卡著作，也寫了一些吉普賽系統的作品，可以說是盡可能全方位發展他的巫術研究，令之普及大眾化；而《魔法蠟燭寶典》儼然就是他將魔法變成一般人也能上手的入門自學讀物，不需要老師，也可以自己進行。

所以到底這樣的魔法是否安全呢？他的定義是：這是交感巫術。自古以來，人類就習慣性把生活與象徵物結合在一起，例如，狩獵之前必須安撫獵物的靈魂，避免造成自然生態的浩劫……用沙盒模擬這樣的對話，也是最安全無害的作法——這就是魔法！

《魔法蠟燭寶典》把您想要達成的願望變成一種沙盒模型，這根蠟燭象徵某人、那根蠟燭象徵您……這有點像是魔法版的家族排列療法，只是您不需要朋友擔任故事中的各別角色，每隔一段時間，您需要進入這個沙盒，去模擬心靈宇宙的能量互動，這有點像小朋友扮家家酒，在娃娃屋裡面擺設了一切需要的家具跟玩偶，只是，這是魔法，所以醜話說在前頭，巴克蘭依然有著基本的規範：「不要傷到別人就可以了。」

如何讓本書的魔法更加有效？

本書分成兩大部分：古老宗教與基督教禱文系統，祈禱的主題都是一樣，甚至蠟燭的擺設位置也沒改變，巴克蘭僅僅改變的是禱詞，有一部分是參考了《詩篇》魔法之類的典籍而編排，在他看來，做了既有效，初學者照做也有效，才是本書的重點；因此他並不強調祭壇上要擺什麼樣的神像，甚至在原文中也未提及。

然而，深入了解本書的禱文之後，讀者有可能會感覺古老宗教的禱文比較深奧晦澀，甚至不明白為何作者要使用這些隱晦不明的禱文呢？這與文化背景相當有關係。

巴克蘭生於英國，英國是個非常重視文學發展的國度，自然在耳濡目染之下，祈禱文當中的藝文感不那麼簡單粗暴，但如果能夠用欣賞的態度跟解謎的立場去感受祈禱文的魅力，可以更能穿透禱文的本質。

無論東西方，古代的巫術魔法通常都會採用押韻的文字，祈禱文即是詩歌最早的起源，也是文學的開端，發乎情，止乎禮，就是儀式該有的氛圍了。

最簡單粗暴使用本書的方式，就是根據主題，以合適的情緒去唸誦禱文，比如，〈解除愛情關係〉這一篇非基督教的禱文，讀者可以假裝自己在演莎士比亞的悲劇旁白，把志明跟春嬌最後必須分開的結局說得難堪慘痛、挖心掏肺，有點像是廣播電台的主持人喊著賣膏藥那樣，非常具有煽動性、通俗性。

也因此，了解您選擇的祈禱文當中的意義，還是有助於讓各位更灑狗血般的進行儀式。

若您想用《詩篇》系統的祈禱文——即使不是基督徒也能使用，建議可以上網查詢章節的詮釋或故事背景，揣測一下旁白該有怎樣的感覺，渲染出來，當然，我還是老話一句——灑狗血就是王道啊！

不能在家裡進行儀式怎麼辦？

在出版本書多年後，作者收到了一堆提問，比如家人鄰居不接受點蠟燭、家裡有寵物、點蠟燭怕失火。我們也已經將巴克蘭的回答放在書末的附錄，供各位讀者參考。

巴克蘭為何不強調祭壇神像的部分呢？最主要是因為他認為施術者的「感受」是超過神靈的影響，也就沒有所謂偶像崇拜，或者是否導引靈體干擾的問題了。他的禱文用來勾起施術者的強烈情感，投射在這所謂的「沙盒」中，掀起能量的互動，自然也不需要什麼供品、還願，無須擔憂巫術反噬；這是給初學者專用的簡易魔法書，羅列的主題都是最常見的經典項目。

故而，巴克蘭本人在書中也提過，唸錯字、漏字沒關係，意思到位就好，沒有蠟燭沒關係，重點是要有「感受」。而本書秉持這個重點，成為了風行世界多年的經典之作，歷久不衰，讀者佳評不斷，實至名歸。

無論您是麻瓜還是老司機，都歡迎進入巴克蘭的蠟燭魔法世界，祝福各位藉由魔法美夢成真。

——Sada，二〇二〇年十二月八日

第三版作者序——

凡你所求皆能成就

《魔法蠟燭寶典》向來被譽為「神祕學經典」，它肯定是持續風行十幾年的暢銷書，也有西班牙文版。這是它第二次再版，希望它會在今後的許多年繼續延續生命。是什麼讓它如此受歡迎呢？我認為是因為它的「接地氣」。它集簡單、實用的儀式之大成，與高等魔法世界甚為冷僻的神祕學做法大不相同。這裡的儀式是屬於「普通人」，並且是為「普通人」所適用的。

本書中的儀式是從世界各地蒐集而成。有些是相對較新的，有些則已存在了數百年。它們涵蓋了生活的許多方面，無論好壞，許多甚至是「普通人」覺得基本的需求。

在此，也許應該對魔法的倫理道德提出一個警告。巫術中有一句忠告：「只要不傷害別人，盡爾所欲。」它不會傷害任何人，那當然包括你自己。不要傷害別人，也不要傷害自己。這不是一本關於巫術（Witchcraft）的書，而是一本關於魔法（**magick**）的書。這有何區別呢？基本上，巫術是一種宗教*，而魔法是一種實踐。換句話說，任何人都可以做魔法儀式；因此，他們可以用在做好事或是傷天害理，取決於他們自己個人的道德。

既然這不是一本關於巫術的書，它確實包括了在巫術相關的書中找不到——像是「招引嫉妒」、「解除愛情關係」、「贏得異性的愛」等魔法儀式主題。確實，這些是看似無害的儀式，但請考慮一下。當你開始影響別人對你的感覺時，你不會干涉他們的自由意志嗎？你想要有人干涉你的自由意志嗎？

若非出於對歷史考據的其他興趣，我認為本書中的所有儀式都應該出現在此。我只會要求你記住上述的話，為自己選擇正確的儀式。也要記住，你所要求的是你會得到的……所以在祈求之前，一定要確定你真的想得到它！我在本書後面的新章節當中，更全面的處理了「創意觀想」這方面的問題。

這本書的標題部分——也許是最重要的部分——就是**實用性**。這裡的所有儀式都很實用。在過去十年，我收到了一些成功施術者的來信。他們都盛讚這些儀式很容易實踐，他們不需要特殊設備，而且，只要按照指示做，就會有效！剩下的事情就很容易了。你創造了你的實相，藉由運用蠟燭，你可以用最精確的方式施術。

請仔細閱讀關於準備的章節，這很重要。也許它看起來似乎很簡單，它並不複雜，是的，但這裡提出的觀點是重要的，讀它並照著做。希望你能享受這個嶄新、增訂版的《魔法蠟燭寶典》。獻上我燦爛的祝福。

雷蒙德・巴克蘭

一九八二年於維吉尼亞州

---

* 註：參見本書作者於一九七一年在李威利出版社（Llewellyn Publications）出版的《發自內心的巫術》（*Witchcraft from the Inside*）。

前言——

實用的蠟燭魔法

今天，愈來愈多人轉向了神祕學。塔羅牌與各類神祕學的解釋途徑，經常是日常談話的主題。靈應盤（Ouijia board）的聚會，比第二次世界大戰之前的任何時候要更多。星座命盤的結構是常識。接受對於迄今被當作「解決之道」的信仰跟作法，我們不能說是由於萊因博士（Dr. Rhine）的實驗及超感應的證明、或奧托．拉恩教授（Professor Otto Rahn）證明「力量來自於人體」、或艾森布德博士（Dr. Eisenbud）證明心靈凌駕於物質之上，乃至其他類似的實驗跟證明。但今日的人們確實比人類曲折歷史中的任何時候，都更相信並實踐各式各樣的魔法。

交感魔法乃是基於物以類聚的原則。製作代表一個人的蠟像或是黏土模型，而假使你按照規定的公式去做，你對於這個人像做的任何事情，都會發生在這個人身上。人類最先運用這方法，是早在二十五萬年前的舊石器時代。在那些日子中，為了確保狩獵成功，人類會製作野牛的黏土模型，然後「攻擊」並「殺死」牠，然後他們會因此覺得有足夠的力量，能走出去殺死真正的野牛。

如今許多人發現，他們可以用同樣類型的魔法，做到這一點——不是獵殺野牛，而是解決二十世紀生活帶來的許多問題。透過燃燒不同類型的蠟燭，並以各種方式操縱它們，他們發現可以影響人跟事物。

這本書涉及燃燒蠟燭的練習——即燃燒什麼蠟燭以及何時燃燒。如何為了渴望的目標去「操縱」它們。但本書幾乎沒有涉及這個主題的歷史，因為正如本書標題所述，它是一本實用的書，是給那些想施術的人既簡單又有效的實用書，書中所述儀式都可以在家裡做，無須任何複雜的現成物品即可完成。

儀式前的準備工作

空間

無論儀式有多簡單，事前準備都很重要。如果你要點燃蠟燭，首先要決定在哪裡點蠟燭。讓它在某個能保持不受干擾的地方——因為許多儀式必須在幾天內完成，在那其間蠟燭不能移動。它也應該是在一個沒有機會引發烈火的地方——一根看似無辜的蠟燭，太靠近薄薄的窗簾或是布幔，燒起來可會導致大火與災難！

選擇一個安靜的房間，在那裡聽不到電視或吵雜聲響起。也許是在屋子或公寓的裡間，遠離馬路上的聲音。你需要一個房間，能在那裡舉行你的儀式，無須擔心中斷。如果可能，房屋的地下室或閣樓是最理想的。

祭壇

你需要一個物件來充當祭壇。幾乎任何東西都可以用——桌子、箱子、盒子——甚至地板。但為什麼不把事情做好做滿呢？一點點愛美無傷大雅。一張小而低的咖啡桌是理想的——最好是八十公分長、六十公分寬，或者一張牌桌就行了。如果可以，請用一塊布蓋住它，這塊布應該是白色的。你會需要一些燭臺，它可以是任何類型、任何材質做的。然而，儘量選擇較小的燭臺，這樣當你一次使用好幾根蠟燭時，祭壇就不會顯得太雜亂了；這也是重要的，有時你需要把兩根或更多根蠟燭放在一起，大燭臺就沒法讓蠟燭靠得近，所以請使用較小、較不精緻的款式。

薰香

點蠟燭很少提到薰香，但是，在作者心中，它極其重要。在儀式中總是要點香，這大大地有助於集中注意力，營造恰當的心靈平靜，是必要的第一步。關於薰香的原始信念，是藉由上升的煙霧帶著個人的祈禱上達天聽。幾乎任何薰香都能滿足需求，從十元商店賣的小香塔，一直到必須撒在燒紅木炭上混合種類的薰香皆然。

多數人會發現香塔最方便。在可用的各種類型中，印度香通常比中國香更合意，後者氣味似乎有點太甜、太香了。

接下來的介紹儀式中，如果需要特定的薰香，就會特別點名。如果沒標註特別的薰香，那麼你用任何一種都行。然而，如果一時無法取得特別的香，那就用你方便拿到的。須知，「有香總比沒香好」。

最好有個簡單而有效的香爐，像是碟子、菸灰缸，或一杯沙子，這樣不僅能吸熱，並能防止容器裂開或讓祭壇燒焦。

施術者

沉浸於蠟燭魔法儀式之前，沒有必要禁食或嚴格控管飲食。如果吃得好、吃得舒服，能更專注於正在做的事情上，那又何妨。然而，在儀式前進行象徵性的淨化，通常是必要的。這只是要一個浴缸，加上一把鹽泡在浴缸水中，水可以是舒適的溫度——不需要像苦行者般受凍。只需泡在水裡，或灑在身上，不需要抹肥皂。

蠟燭

蠟燭可以是任何類型，顏色較為重要。有段時間，人們被告誡只能燃燒植物油蠟燭或石蠟蠟燭，絕對、絕對沒有人去燃燒動物油做的蠟燭。時至今日這種說法

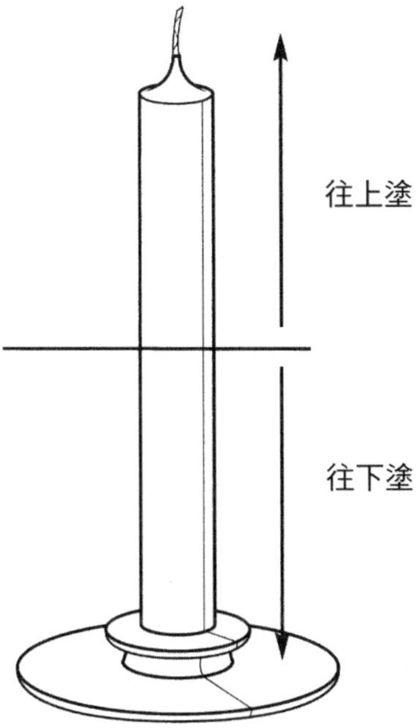

圖1

似乎約定成俗，但其實你大可安心忘記它。即便有，現在也很少有蠟燭由動物油製成。如我所說，重要的是蠟燭顏色。

蠟燭點燃儀式最重要的準備，是在蠟燭本身。使用之前，它們應當「裝飾好」。為了達成最大的效果，應該由施術者用「油」裝飾它們。市面上有許多不同的蠟燭魔法油，但幾乎沒有太多選項。其中一些油是彩色的，因此只能用在相同顏色的蠟燭上。有種無色的油要便宜得多，且可以用在所有的蠟燭上。如果無法取得蠟燭魔法油，也可以用普通的橄欖油替代。

要裝飾蠟燭，得用油塗抹，從中間塗到蠟燭的底部（見圖1）。總是要往同一個方向塗抹；從中間往一端塗，再從中間往另一端塗。當你在裝飾蠟燭的時候，應該專注集中在主題、問題或是手邊的問題上（另見下文〈辨別顏色〉），四種用於儀式的蠟燭——祭壇蠟燭、奉獻蠟燭、星座蠟燭與星期蠟燭，分述如下：

祭壇蠟燭：這是始終放在祭壇上的兩根白色長蠟燭，會各放在祭壇兩端角落，並總是早在其他蠟燭之前先點燃。

奉獻蠟燭：這是對應各種符號顏色的蠟燭（見表三），顏色取決於要做的儀式主題。

星座蠟燭：這些代表許願者，按照當事人的生日來選擇（見表一）。可以選擇有星座主色的蠟燭，或是購買結合兩種顏色的蠟燭。

星期蠟燭：這可以用在任何儀式上（見「準備工作」單元：表二），取決於當天的日期，要放在祭壇的右前方。

儀式

本書的儀式適用於更常處理的情境，加上一兩個不尋常的儀式。通常會給兩種形式的儀式，一種是傳統的基督教形式，其簡化版本見於目前關於蠟燭儀式的幾本書；另一種是更普遍的傳統形式。後者是作者從歐洲各地的各種來源蒐集而來，似乎反映了基督教之前的早期自然崇拜——眾所皆知的古老宗教。

無論使用哪一種儀式都一樣有效。事實上，最好跟最有效的字眼，將是發自你內心的。並不是所有的人都能在對的時間創造對的字眼，來契合我們的感覺。然而，這就是本書所列的儀式重點所在——它們不需要用心學習，只要藉由本書就能讀到。如果你犯了錯——別擔心！一個小小的錯誤、一個錯漏、一個口誤並不會搞砸儀式。重要的是意義，你內心的目標才重要。

衣著

精心設計、華麗的長袍，在本書的儀式中是不必要的，除非你覺得這樣的打扮令你更開心。其實這在很大程度上根本是心理問題。相反地，古代宗教的信徒還會裸體施術，因為這是自由的象徵。大多數人都穿著日常服裝參加儀式，但有些人確實認為，儀式會要求「特別的東西」，因此穿的衣服從簡單樸素的長袍，到精心製作、鮮豔的絲綢服裝，都飽含著深奧的象徵。如果他們覺得透過使用這些「道具」，他們的儀式會更有效，那就會賦予他們更多的力量！不過，這並不是強制性的。

祭壇的神像

在儀式裡並非必要，許多人喜愛將一個宗教人物或圖片安放在祭壇上。一個十字架、安卡（ankh）*[1]、耶穌、聖母瑪利亞或是古代維納斯的形象，都完全是被允許的。人像或圖片應該放在祭壇中央的後方，香爐則在它之前。

點燃與熄滅蠟燭

最好先點燃點火條*[2]，然後再按照標示的順序，點燃祭壇上的蠟燭。儀式結束前，你可以吹滅火焰，吹滅的順序跟點燃的順序相反，或者你可以用滅燭器熄掉它

---

*[1] 譯註：埃及的生命之鑰圖騰。

*[2] 譯註：一種類似火柴的長形木條。

們，不要用手指去掐熄。

儀式的時間

大多數儀式都表明它們應該在哪一天舉行，或者是需要多少天。除非有特別指定天數，否則你可以自行決定花幾天完成。無論是清晨、中午還是深夜，不管什麼時間，只要可以讓你最安心就可以，都足夠，但要選擇一個不太會被打斷的時間。

辨別顏色

事實上可以不用塗油就使用蠟燭，但是塗油更有效果。表一提供對照出生日期的適合顏色——但如果你不曉得儀式對象的出生日期，只要用一根普通的白蠟燭來代表他們，在你塗油的時候專心想著那個人就好。

開始儀式前最後的一席話

儀式不僅僅是詞彙，它們擁有意義。無論你打算先做哪一種儀式，坐下來靜靜的讀一讀。想想這些詞彙的意思。這樣你就不會重複「鸚鵡學舌」，而是理想的愈來愈接近運用你自己的原話——真心話。

本書中提供的兩種類型儀式，許多人贊同古老宗教或是非基督教，僅僅是因為這些詞彙與儀式的目的如此相關。在這麼多傳統的基督教版本中，使用《聖經》的《詩篇》文字似乎跟儀式無關。然而無論使用什麼版本，許多人已經獲得巨大的成功。

然後，閱讀它們，使用你發現最能取悅你的那一個儀式。首先，應該對你使用的儀式感到快樂跟自在。

本書分為兩個部分，第一部分是古老宗教版本的儀式，第二部分是基督教版本的儀式。你可以運用你最喜歡的版本，或者混合搭配。

表一：星座對應蠟燭

星座	生日	首選顏色	次選顏色
水瓶座	1月20日— 2月18日	藍色	綠色
雙魚座	2月19日— 3月20日	白色	綠色
白羊座	3月21日— 4月19日	白色	粉紅色
金牛座	4月20日— 5月20日	紅色	黃色
雙子座	5月21日— 6月21日	紅色	藍色
巨蟹座	6月22日— 7月22日	綠色	棕色
獅子座	7月23日— 8月22日	紅色	綠色
處女座	8月23日— 9月22日	金黃色	黑色
天秤座	9月23日—10月22日	黑色	藍色
天蠍座	10月23日—11月21日	棕色	黑色
射手座	11月22日—12月21日	金黃色	紅色
摩羯座	12月22日— 1月19日	紅色	棕色

表二：一週對應的顏色

星期天	黃色
星期一	白色
星期二	紅色
星期三	紫色
星期四	藍色
星期五	綠色
星期六	黑色

表三：顏色的象徵

白色	淨化、真理、真誠
紅色	力量、健康、活力、性愛
淺藍色	平靜、理解、耐心、健康
深藍色	衝動、沮喪、可變性
綠色	財富、豐饒、幸運
金黃色／黃色	吸引力、説服力、魅力、自信
棕色	猶豫、不確定、中立
粉紅色	榮耀、愛情、道德
黑色	邪惡、損失、失序、困惑
紫色	緊繃、野心、業務進展
銀色／灰色	取消、中立、陷入僵局
橙色	鼓舞、適應力、刺激、吸引力
黃綠色	生病、膽小懦弱、憤怒、嫉妒、失序

第一部

古老宗教儀式

1 · 斷情

解除愛情關係

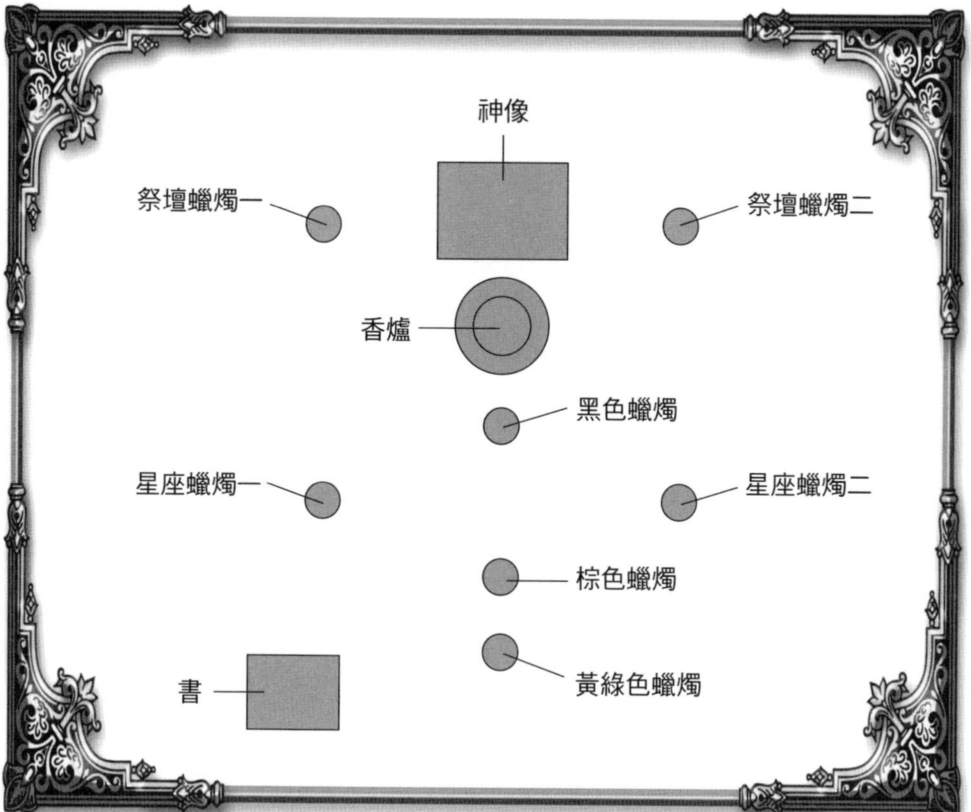
神像
祭壇蠟燭一
祭壇蠟燭二
香爐
黑色蠟燭
星座蠟燭一
星座蠟燭二
棕色蠟燭
黃綠色蠟燭
書

解除愛情關係

點燃祭壇蠟燭一跟二。

點燃薰香，坐著一會兒，想像這段愛情關係如臨面前。

點燃星座蠟燭一（代表這段關係中男方的星座蠟燭），並且在你說出以下禱文時，想像這個男人的模樣：

這是一對情人的男性那一半，
他現在是整體的一半，他很快就會單身。

點燃星座蠟燭二（代表這段關係中女方的星座蠟燭），並且在你說出以下禱文時，想像這個女人的模樣：

這是一對情人的女性那一半，
她很快也會單身。

點亮黑色蠟燭並說道：

這裡開始了不和，這裡燃起了混亂。

點燃棕色蠟燭並說道：

他們的心中充滿不確定，
他們猶豫了。
他們想著，他們真的是天造地設的一對嗎？
他們真的應該在一起嗎？

……懷疑填滿他們的頭腦。

點燃黃綠色蠟燭並說道：

爭風吃醋！

吵鬧不合！

還有擔憂、懷疑、不爽跟恐懼。

所以讓它生效吧！

想想這一對戀人現在分手了。想像這段愛情關係已經結束了，他們各奔東西。

說道：

過往的吸引力，

如今看來普普通通。
過往的愉快樂趣，
如今無聊得很。

過往的賞心悅目
如今蒙羞丟人。
過往的明亮歡快
如今令人生厭。
過往使他們互相吸引的
如今不增反減。
過去生氣勃勃的
如今枯萎凋零。

他們之間的愛火不再。繼續說道：

激情之火不再燃燒，
不再有渴望與嚮往，
這兩個人不再是一體了。
他們的愛情單調乏味，
愛火已經熄滅，
渴望已經消逝，
他們分手了。

再多想一會兒，想著這段關係澈底結束了，兩個人分開了。然後說：

羅蘭枯萎凋零，絲帶褪去色彩，

大概還有一團灰塵，
一半撕裂的音符，被遺忘的紀念品，
是因為很久以前有些心痛，
我悲哀的跪在壁爐旁，
看啊，我把它們扔進爐柵裡，
現在劈里啪啦燒起來了
這可摧毀了我的快樂與不幸命運。

海誓山盟，是虛假輕浮的誓言，
如同曇花一現，
我想，還有諸仙眾靈、
所有看不見的靈體們，都站在旁邊笑！

我依然坐在壁爐旁，
夢想著我無法說出的一切；
看著灰燼中的火星
瀕臨死去
晚安了，再見！

熄掉蠟燭。每週六晚上重複這個儀式，每一次都將兩根星座蠟燭分開二・五公分左右或更遠的位置。重複儀式，直到蠟燭最後到達祭壇相對的兩端。

2
護身
加持護身符或護符

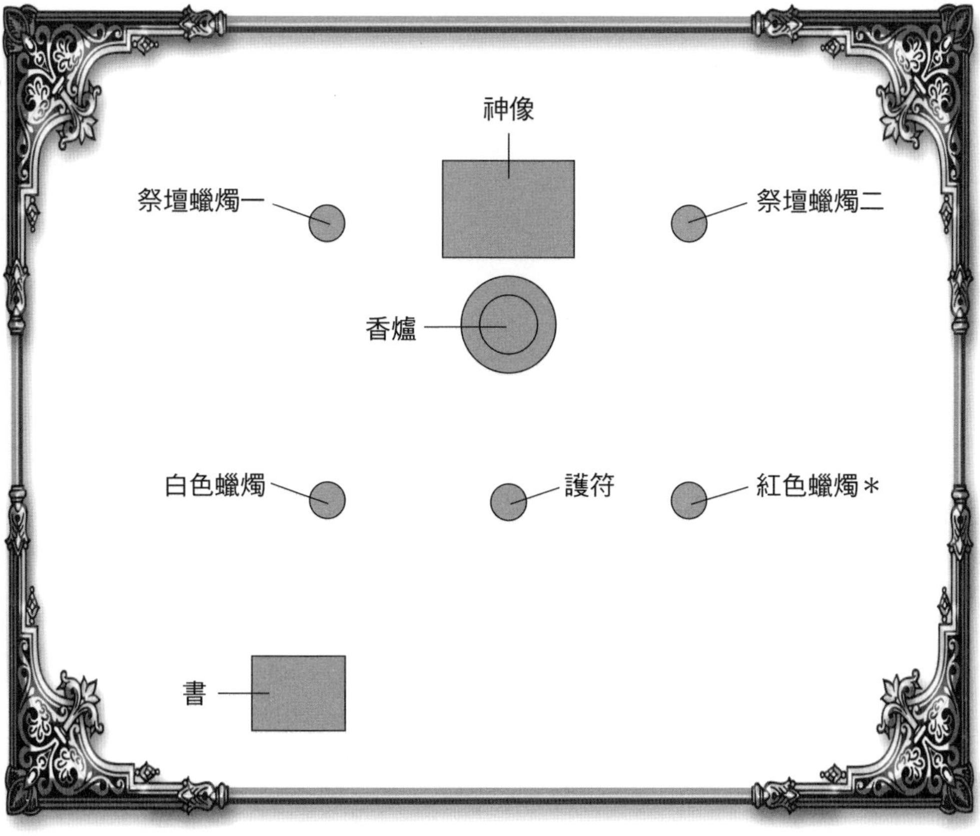

加持護身符或護符

這儀式是為了加持護身符（Amulet）、護符（Talisman）或是「幸運物」。護符可能是別人為你做的，也可能是你自己做的。後者更適合。

點燃祭壇蠟燭一和二。

點燃薰香（推薦乳香）。

點燃白色蠟燭，並說：

這裡燃燒著______（許願者的名字）的真心，
他／她對護符力量的信念燃燒著，
像這火焰般強烈。
永不熄滅。

點燃紅色蠟燭*並說：

這份愛進入護符當中。
因為護符是倉庫，
能儲存愛的力量。

拿起護符，握在邊緣處，在白色蠟燭上過火繞圈三次，再反過來，讓護符的兩邊都能接觸到火焰（別燒到你的手指）。說道：

我以火淨化這護符，以及裡面的一切雜質。

---

*註：這根蠟燭的顏色與用途，將取決於護符的用途（即：紅色代表愛情、藍色代表健康、綠色代表豐饒等等）。

然後讓它過香爐三次，說：

我請神淨化這護符，為我的目的做準備。

現在拿著護符，牢牢的握在你的右手（如果你慣用左手就用左手），並且說道：

我以愛灌注這個護符，
無輪誰戴上它都會感覺到強大的力量，
配戴者將永遠擁有這種力量，
只要她／他能承受。

現在將護符放在紅色蠟燭上方過火三次。說道：

這就是那份愛，滿溢著加持的力量。

把護符放在白色與紅色蠟燭中間，熄滅燭火。

讓護符放在原位三小時不動，然後讓主人攜帶或配戴之，最好是貼近皮膚配戴。

3・戒除
克服惡習

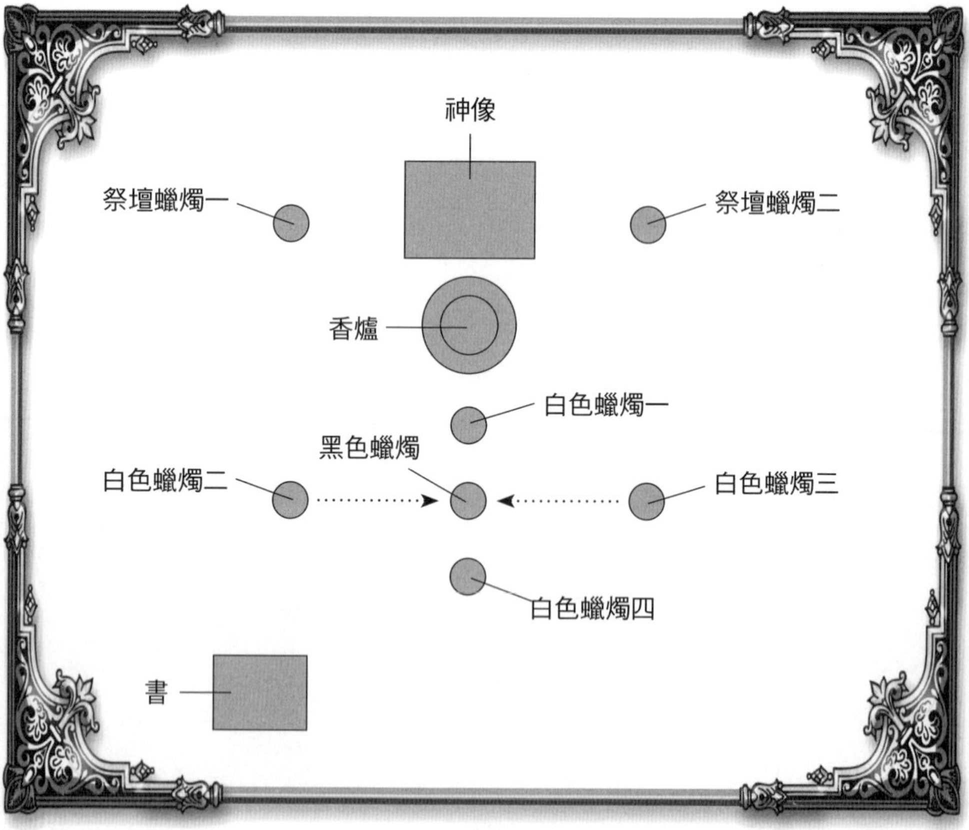
神像
祭壇蠟燭一
祭壇蠟燭二
香爐
白色蠟燭一
黑色蠟燭
白色蠟燭二
白色蠟燭三
白色蠟燭四
書

克服惡習

點燃祭壇蠟燭一跟二。

點燃薰香（最好是乳香），並且坐一會兒，想著惡習慢慢消失，並且被好習慣取代了。

點燃黑色蠟燭，並說道：

這就是讓我退縮的東西，
我也知道，這對我不好。
這像是個強大的巨人，
是無法被征服的。
但我知道可不是這樣，
我能夠征服它。

點燃白色蠟燭一、二、三和四，並且說：

這是我的力量，這是我的勇氣，
這是我的堅持，這是我的勝利。
現在我被敵人包圍了。
現在我知道敵人無路可退，
戰爭已經開始了，
但結局誰都知曉。

在你的腦海中想像著正向的進步力量，朝著敵人——你的惡習前進。過了一會兒，靜靜的說：

暮光之星*，

你在哪裡貶眼？
在過去的歲月裡，
昏暗的前一刻，何時在消逝呢？
「越過騎士與男爵的廳堂，
砲樓與高塔，
高高的掉下來，森林參天，
綠蔭如碧。」

銀色之夜的星星，
當你高高的漂浮，

＊譯註：星星代表希望或新習慣，一路上遇到的情境是過去的困難，樹木代表障礙，象徵曾被當作困難之處悉皆克服。

越過高塔和樹木，
你注意到了什麼呢？
「藍色的扇葉跟輔助帆的布面，
彩格布翩翩起舞，
鹿兒的窩，
朦朧地一瞥而過。」

少女夢中的星星，
熠熠閃耀的星星，
當貓頭鷹在漫遊時，
你的光芒在哪裡閃爍呢？
「在男爵的大廳裡，
綠色苔蘚的攀爬之處，

在灰色露水低泣的
森林瀑布之上。」

你現在遇到的，
是依舊如此的星星，
何時從孤寂的山丘
甜蜜的眨眼睛呢？
「這爐火在風中式微，
煙囪在地上悶燒，
綿羊在微暗的鹿窩上，
樹木被砍伐並腐朽。」

經過幾分鐘，想像終於克服了這個壞習慣，就先熄滅黑色蠟燭，然後是白色蠟燭四、三、二和一。

之後連續七天重複這個儀式，但首先需移動白色蠟燭二跟三，朝黑色蠟燭靠近二・五公分。每週一次讓白色蠟燭更靠近黑色蠟燭，直到兩根白色蠟燭碰觸黑色蠟燭為止。

4
家庭
解決家中紛亂狀況

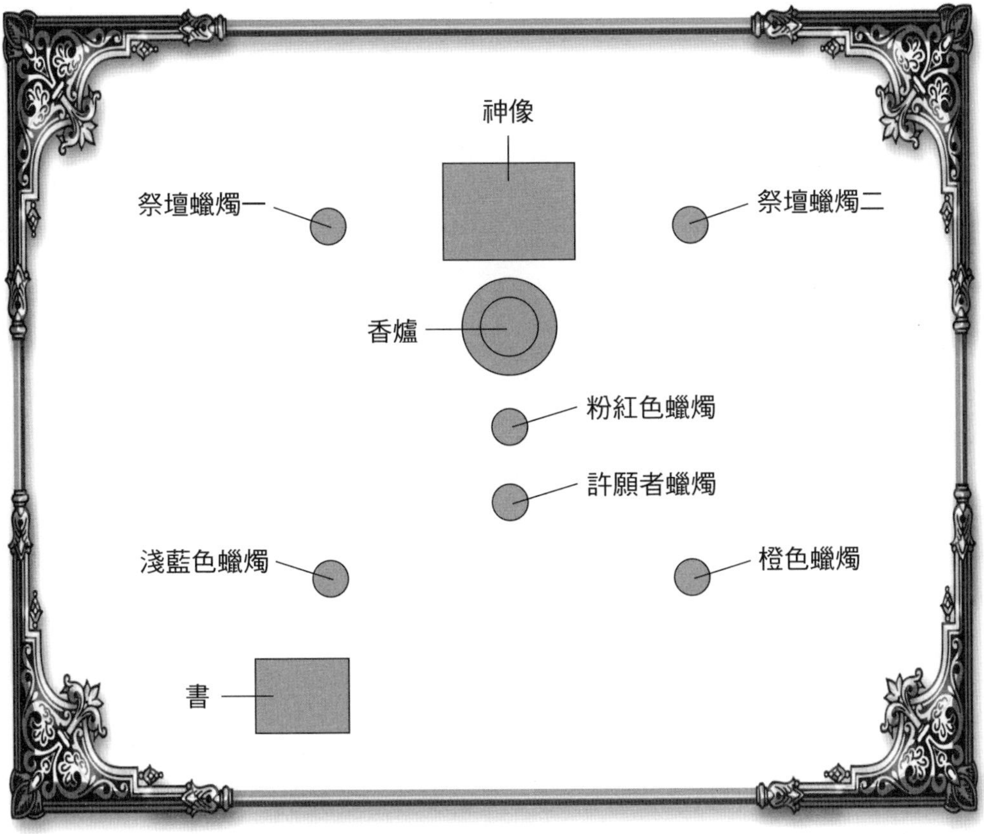

解決家中紛亂狀況

點燃祭壇蠟燭一和二。

點燃薰香。

靜坐片刻，並且冥想，在你的腦海中清晰的觀想你要完成的事情。

點燃許願者的蠟燭，用心想著許願者。說道：

> 這根蠟燭代表＿＿＿＿（許願者的名字），
> 當它燃燒時，他／她的靈魂也會燃燒。

點燃淺藍色、粉紅色與橙色蠟燭，按照這樣的順序，想著充滿理解與愛的和平與寧靜在這屋中。然後說：

在這裡點燃的是————（許願者的名字）的快樂，
這是他／她的房子，這一切圍繞著他／她。
在這個家裡有安寧，
平靜與愛都與他／她同在，
因為真正的快樂，大家都明瞭。
在那裡有滿滿的理解與愛，
失序與混亂已潰逃，
無論如何，當耐心和愛
真真正正的成長與繁榮，
貧瘠因此成了懷疑與苦惱之域。
快樂就是那道燃燒的光，
黑暗蕩然無存了。
這個家很平安，平安就在家裡。

然後坐三到五分鐘，專注於解決家中紛亂的情境。接著再說一次：

在這裡點燃的是＿＿＿（許願者的名字）的快樂，
這是他／她的房子，這一切圍繞著他／她。
在這個家裡有安寧，
平靜與愛都與他／她同在，
因為真正的快樂，大家都明瞭。
在那裡有滿滿的理解與愛，
失序與混亂已潰逃。
無論如何，當耐心和愛
真真正正的成長與繁榮，
貧瘠因此成了懷疑與苦惱之域。
快樂就是那道燃燒的光，

黑暗蕩然無存了。

這個家很平安，平安就在家裡。

再次坐個三到五分鐘，專注於解決家中紛亂的情境。然後，再說第三次：

這裡點燃的是＿＿＿（許願者的名字）的快樂，

這是他／她的房子，這一切圍繞著他／她。

在這個家裡有安寧，

平靜與愛都與他／她同在，

因為真正的快樂，大家都明瞭。

在那裡有滿滿的理解與愛，

失序與混亂已潰逃。

無論如何，當耐心和愛

真真正正的成長與繁榮，
貧瘠因此成了懷疑與苦惱之域。
快樂就是那道燃燒的光，
黑暗蕩然無存了。
這個家很平安，平安就在家裡。

再坐三到五分鐘，專注於解決家中紛亂的情境，然後熄滅蠟燭。
這個儀式應該連續三晚重複做。

5

往生
為往生者做儀式

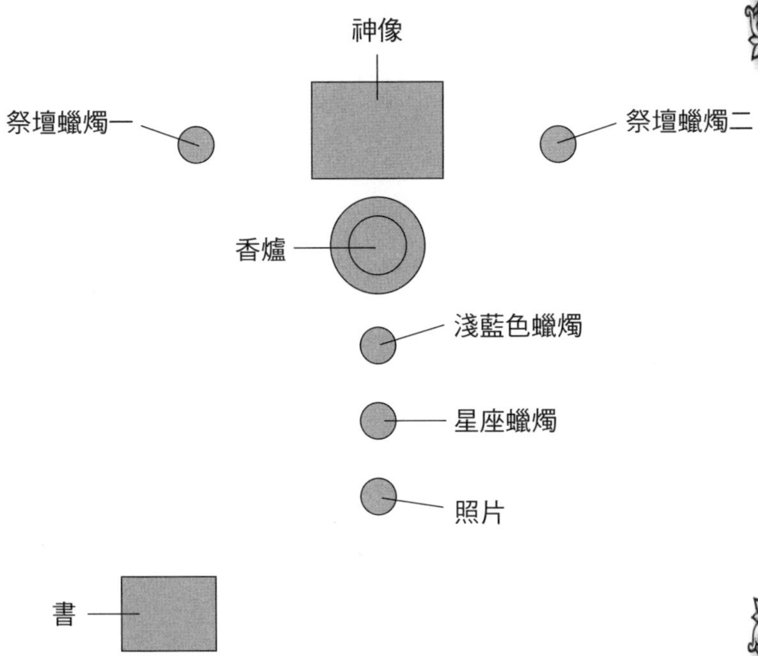
神像
祭壇蠟燭一
祭壇蠟燭二
香爐
淺藍色蠟燭
星座蠟燭
照片
書

為往生者做儀式

（註：在此儀式中，往生者的照片可以置於他或她的星座蠟燭前。）

點燃祭壇蠟燭一和二。

點燃薰香。

點燃往生者的星座蠟燭，並在你的腦海中描繪他或她，以你記憶中最好的模樣出現，尤其是在某個特別開心的場合。說道：

——（往生者的名字）在此駐足，

他／她永不逝去。

他／她的精神像蠟燭的火焰般燃燒。

點燃淺藍色蠟燭並說道：

這是平靜與安寧，
如同他／她的安詳一樣，能從現在持續到永遠。

然後，想像那個人開心而平靜，說道：

去了解，勇敢，意願、保持沉默，
這是給魔法師的四句話。
為了勇敢，我們必須了解；
為了意願，我們必須勇敢；
我們必須要擁有絕對的統馭力，
為了統馭，我們必須保持沉默。

星空穹頂的女主人啊，

浩瀚蒼穹的大教堂，
原諒你忠僕的一切過錯，
在我離世之前。

讓我只記得美好；
只記得痛苦狂喜的恩典，
以美好之名，
以神采奕奕的臉，允許我只記得這些。

你的忠僕就如他父親般，
按照古老的儀式敬拜。
藉由愛與無畏魔法的力量，
讓所有神聖的日子都保持莊嚴。

現在視線灰暗，火焰羸弱，
生命的最後時刻已經降臨，
留下這個又破又舊的軀殼，
希望我的願望實現，圓滿達成！

以伊絲塔和埃亞*之名，以無盡的力量之名，
願你的忠僕重生，在荒廢的塔上跳舞，
祭壇的火焰再次燃起，薰香裊裊上升；
這神聖的儀式又一次在月光下舉行。

---

* 譯註：伊絲塔（Ishtar）是美索不達米亞宗教的女神，與冥府相關；埃亞（Ea）為蘇美神話中的水神，供奉埃亞的神廟又稱為「冥界之屋」，傳說他吹氣讓小泥人變成人類的始祖。

讓蠟燭燃燒半小時再熄滅。重複七個晚上儀式。

你可以用非常大、能長時間燃燒的蠟燭。可能的話，應該在此儀式中使用星座蠟燭和淺藍色蠟燭。

6

美夢
創造夢境

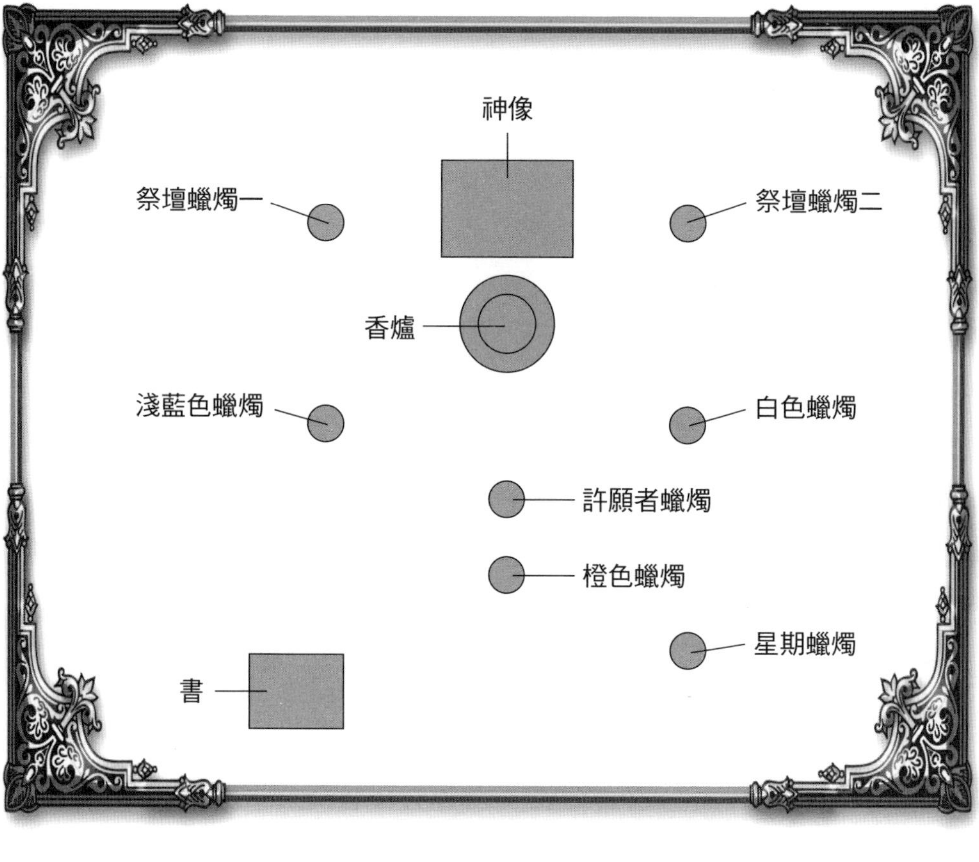
神像
祭壇蠟燭一
祭壇蠟燭二
香爐
淺藍色蠟燭
白色蠟燭
許願者蠟燭
橙色蠟燭
星期蠟燭
書

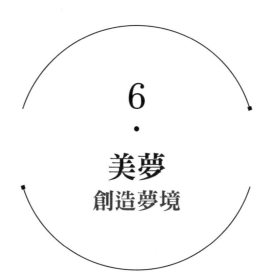

創造夢境

點燃祭壇蠟燭一和二。

點燃星期蠟燭。

點燃薰香。

點燃許願者蠟燭，說道：

　這是＿＿＿＿（許願者的名字），這場儀式的主角。

點燃淺藍色蠟燭，並說道：

　這裡點燃的是平靜與耐心，

　是完成這個欲望必要的條件。

點燃橙色蠟燭，並說：

這是那個欲望的吸引力，

她／他想要做的那些夢，

她／他會希望，

並且看到跟體驗到她／他所願的一切。

點燃白色蠟燭，並說：

因為她／他看到的一切就是真相，就是那小小的火焰。

閉上你的眼睛片刻，想像許願者（或你自己）完全被白光包圍和籠罩。過幾分鐘後，再睜開眼睛並說道：

輕輕穿過樹林的風是從哪裡來的？

它去了哪裡？

然而在它溫柔輕拂吹過時，

我們感覺不到它柔軟的天鵝絨觸感撫摸我們的臉頰嗎？

如同蝴蝶翅膀的振動，

現在已經感覺到，但一下子又失去了！

因為我們無法企及並碰觸它的本體，

也無法抓住，這陣風。

它就在那裡，但又離去！

當我們在夢中遇見所愛之人，

我們所見到的，又是多麼真實啊！

我們再次看見他們、與他們交談，

再次走在一起，再次地去愛。

他們還在那裡嗎？

當我們呼喚時，他們會來嗎？

我們能看見我們想做的事情嗎？我們能做想做的事情嗎？

是的，又一個是的，這是真的！

我們渴望看見、體驗的一切，

出現在夢中是因為我們請求的。

是的，它會降臨！

是的，我們將如願以償！

你要知道，力量就在我們之內，

我們渴望的一切將屬於我們！

安靜的坐幾分鐘，然後熄滅蠟燭。這個儀式應該在晚上睡前、你渴望作夢的時候進行。

7・制伏
讓你的敵人承受壓力

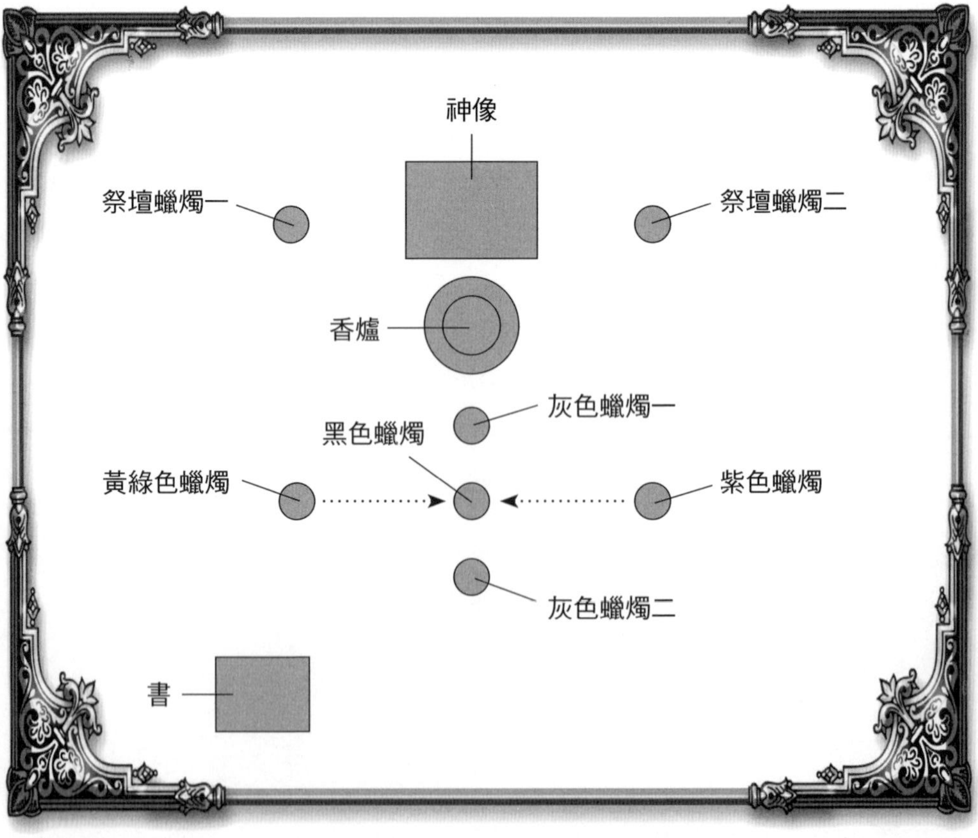

讓你的敵人承受壓力

點燃祭壇蠟燭一和二。

點燃薰香。

點燃黑色蠟燭並說：

這裡是我的敵人，獨自一人。

他／她沒有朋友，

沒有人幫的________（敵人的名字），我可憐你。

你很快就會因折磨我而付出代價了。

點燃灰色蠟燭一和二，集中精神說道：

既不在你身前，也不在你身後；
挫折就在你身上。
一切的計畫都徒勞無功。
你無計可施了。

點燃黃綠色蠟燭，集中精神說：

這是你的疾患、懷疑與憂慮，
那正在你身上蔓延。
恐懼、憤怒與不合，就是你的新伙伴了。

點燃紫色蠟燭，集中精神並說：

你新發現的其他新朋友是緊張，他就在這裡。

他也要跟你同在，就等他來吧！

坐著一會兒，在你的腦海中想像你的敵人清晰影像。然後說道：

到西方，到東方，
到北方，到南方，
在他／她周遭的一切
清晰的出現。
當他／她騎馬穿過平原
並穿越樹林時，
只是想努力
銷聲匿跡。

但小山丘的胸脯上、
所有看不見的東西背後、
及他／她旁邊的灌木叢當中，
還有在樹上，
所有的靈界生物追蹤他／她，
並為了確保他／她
永遠不得自由
而密切關注。
祂們白天發出信號，
祂們夜裡發出信號，
他／她走到哪兒
都被報告。
祂們一直都會

迴避視線，
而且還可以做到
趁亂補刀。
他／她從灌木林出來，
然後停了一會兒，
當那匹馬嗅出她
對男人的恐懼時，
她能感覺到就在那裡、
在騎士的視線之外，
有什麼東西安全的遠遠躲開，
但後來
她只曉得
從他／她的坐騎

顫抖又噴著鼻息的姿態
開始感到不安；
他／她不像以前想的那樣，
縱馬奔出了
他／她屠殺和幹掉
許多敵人的地方。

現在他／她必須償還
從靈界身上偷來的東西，
他／她想都不想就拿走的東西、
失去控制拿走的東西。
現在擔心祂們
會一直阻止他／她，

而他／她拚足老命
穿越這片土地。
他／她將馬刺蹬向駿馬，
捕捉恐懼的氣味，
現在這氣味
成為他／她自己的氣味。
以前是獵人，現在被追殺，
是的，獵人被追殺，
這當然是絕不失手的
復仇，
當他／她彎腰馳騁、
全速前進，不再回頭看、
不再小心翼翼

他／她選的方向，
只要可以讓他／她遠離
祂們的眼光就好。
但儘管他／她的同類
卻無一能倖免於難，
為了他／她的同伴，
儘管他／她跑去
尋求庇護。

恐懼就在他／她的身邊，
驅策著他／她心裡的死亡，
而恐慌就那麼貼近，
就在身後。

讓蠟燭燃燒五分鐘，然後熄滅它們。連續幾個晚上重複此儀式，每一次都移動黃綠色蠟燭和紫色蠟燭，往黑色蠟燭拉近五公分。

8

除惡
抵禦邪惡

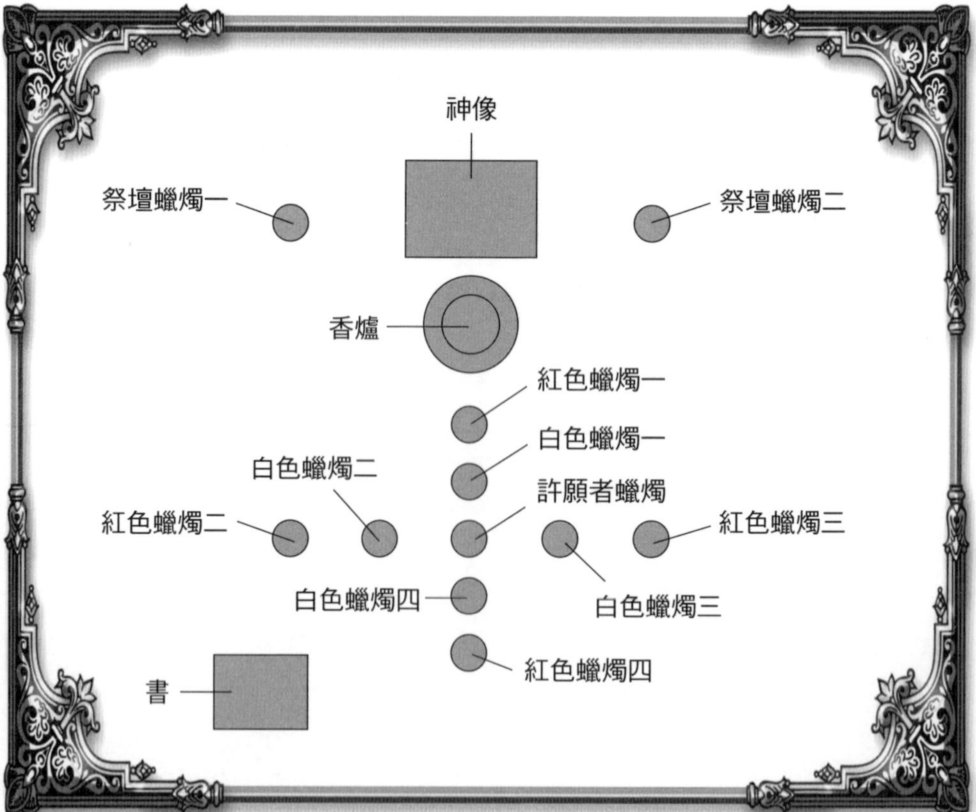

神像
祭壇蠟燭一
祭壇蠟燭二
香爐
紅色蠟燭一
白色蠟燭一
白色蠟燭二
許願者蠟燭
紅色蠟燭二
紅色蠟燭三
白色蠟燭四
白色蠟燭三
紅色蠟燭四
書

抵禦邪惡

幫一個人「跨越障礙」

點燃祭壇蠟燭一和二。

點燃薰香（最好是乳香）。

點燃許願者蠟燭，用心想著許願者身穿白色衣服。

點燃白色蠟燭一、二、三和四。說：

這是一個淨化圈，關於＿＿＿＿（許願者名字）的火花，

他／她的靈魂在中間閃耀著光芒。

對他／她來說，這是永續存在的保護；

它是最好的淨化。

點燃紅色蠟燭一、二、三和四，說：

加強淨化的魔法圈，是更強大的魔法圈。

是＿＿＿＿（許願者名字）的靈性力量。

她／他受到保護，不受任何傷害、不遭遇邪惡。

她／他被淨化，並且重生。

想像許願者開心和無憂無慮，許願者沒有接收到惡意，也不害怕任何的邪惡。

幾分鐘後說：

我祈禱的神存在著，

我雖卑微，但也不求恩惠；

我注視著這個世界和它的紛擾，

我珍惜美好，忘記其餘的東西；
我珍惜歡樂，無論牧師怎樣嘮叨；
我堂堂正正、循規蹈矩，
我開心暢飲，將我的命運留給神——
好人的朋友！

在我的枕邊，
貧窮坐著沉思，但我沒有注意到她。
因為幸虧有愛與希望，你懂的，
我夢想我的命運有出頭天，
我可沒有牧師創造出來的嚴厲上帝。

我臣服的是溫柔的神；

我快樂暢飲，把我的命運留給神，
好人的朋友！

一位沉溺權力的暴君，
對國家與王朝侵門踏戶，
塵土落在他坐騎驕傲的馬蹄上，
令諸王臉上無光。
不甘心吧不甘心吧，你們這些失敗的大人物，
我怎會在乎你們顏面掃地？
我快樂暢飲，把我的命運留給神，
好人的朋友！

噢，我們那烏鴉嘴的牧師朋友，

帶著他晦澀陰鬱的一切預言呢！
他多愛在地獄之火、
在時間的終點、厄運的裂縫中大快朵頤！
來吧，關德溫女神*，
你的臉頰嘟起來，
在火焰與雷電之間——降下雲朵！
我快樂暢飲，把我的命運留給神，
好人的朋友！

什麼，崇拜憤怒的上帝？不，
祂創造了一切，也愛祂創造的一切；

* 譯註：關德溫是威爾斯的巫術女神，掌管轉化與重生。

祂創造了酒；我親愛的朋友——你，
愛就是他創造的幫手；
這些魔咒都煙消雲散，
夢魘的祭司歡喜送走這一切！
我快樂暢飲，把我的命運留給神，
好人的朋友！

然後坐下來，想像所有的邪惡都消失了。想像許願者獲得自由跟快樂。這樣坐著想，直到蠟燭燒完，最後熄滅為止。

9

勇氣
戰勝恐懼

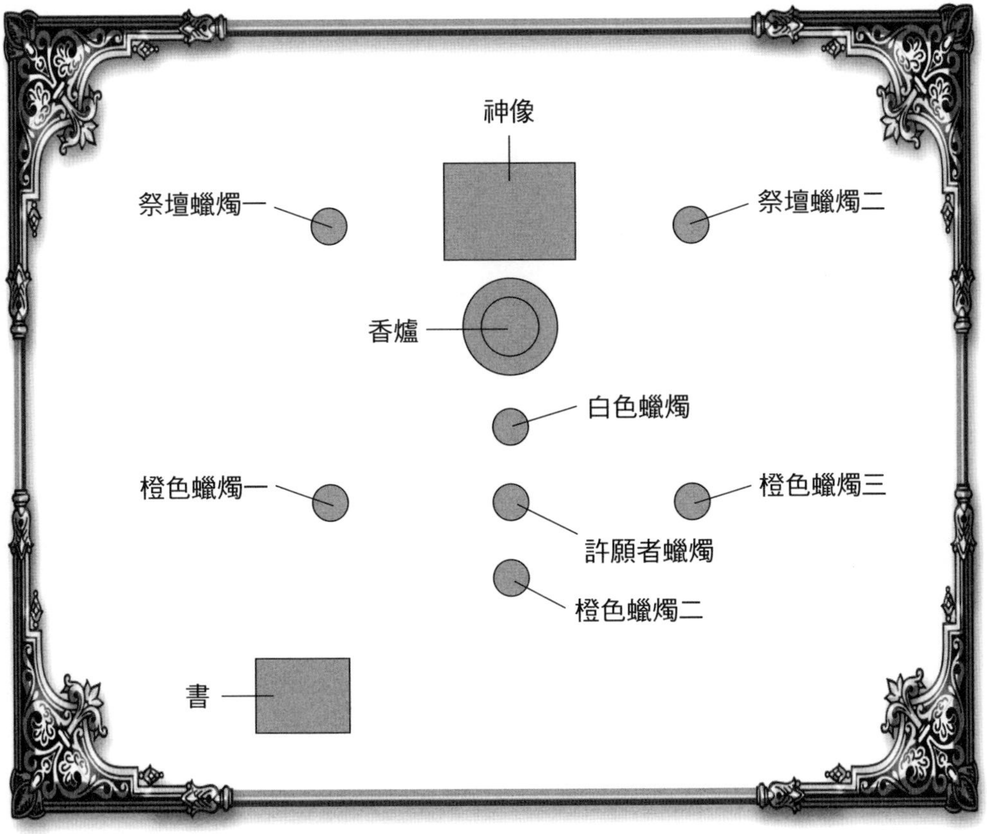
神像
祭壇蠟燭一
祭壇蠟燭二
香爐
白色蠟燭
橙色蠟燭一
橙色蠟燭三
許願者蠟燭
橙色蠟燭二
書

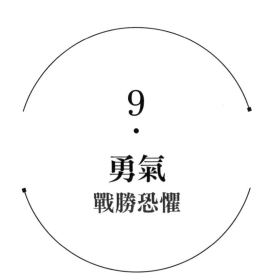

戰勝恐懼

點燃祭壇蠟燭一和二。

點燃薰香。

坐下來冥想要達成的事情。

點燃許願者蠟燭，集中意念在許願者身上，並且說道：

這根蠟燭代表＿＿＿＿（許願者名字），

他的靈魂肯定像這火焰一樣堅定的燃燒。

點燃白色蠟燭並說：

這裡為＿＿＿＿（許願者名字）加上了信心跟力量；

純潔與真誠永伴他／她左右。

按照順序點燃橙色蠟燭，說道：

這裡有戰勝一切恐懼的必要意志。

蠟燭怎麼燒，他／她的靈魂就怎樣堅定，

——（許願者名字）這顆不屈不撓的心，

——（許願者名字）可以把握他／她的夢想

並消除疑慮；

——（許願者名字）可以征服一切。

然後坐著沉思，想著消除恐懼並增強信心了。在三、四分鐘後站起來並說道：

我曾恐懼與孤單，或我曾感覺
我知道我恐懼。
我曾經沒有勇氣，因為我軟弱無力，
淪落無知的黑暗領域，
我知道我恐懼。
然後牙齒戰慄，獸群轟鳴，
亂步踩踏又天旋地轉，
這聲音、這光景
在我腦海裡……
我知道我恐懼。
但時間已經來臨，
現在所有的人都已逃離。
笑是決心，笑是刀劍，

充滿我心，我緊抓不放，
我不害怕；毫無疑問、毫無逆境；
現在沒有。
有了勇氣，有了歡欣，我心歡喜，
我所熟悉的恐懼，現在已經被拋諸腦後。
前途是光明，而非黑暗；
無所畏懼，我觸目所及悉無恐懼。
我是唯一眾人仰望的人，
你看，我一點也不恐懼！

熄滅蠟燭。
連續重複九個晚上。

10

幸福

贏取或保有幸福

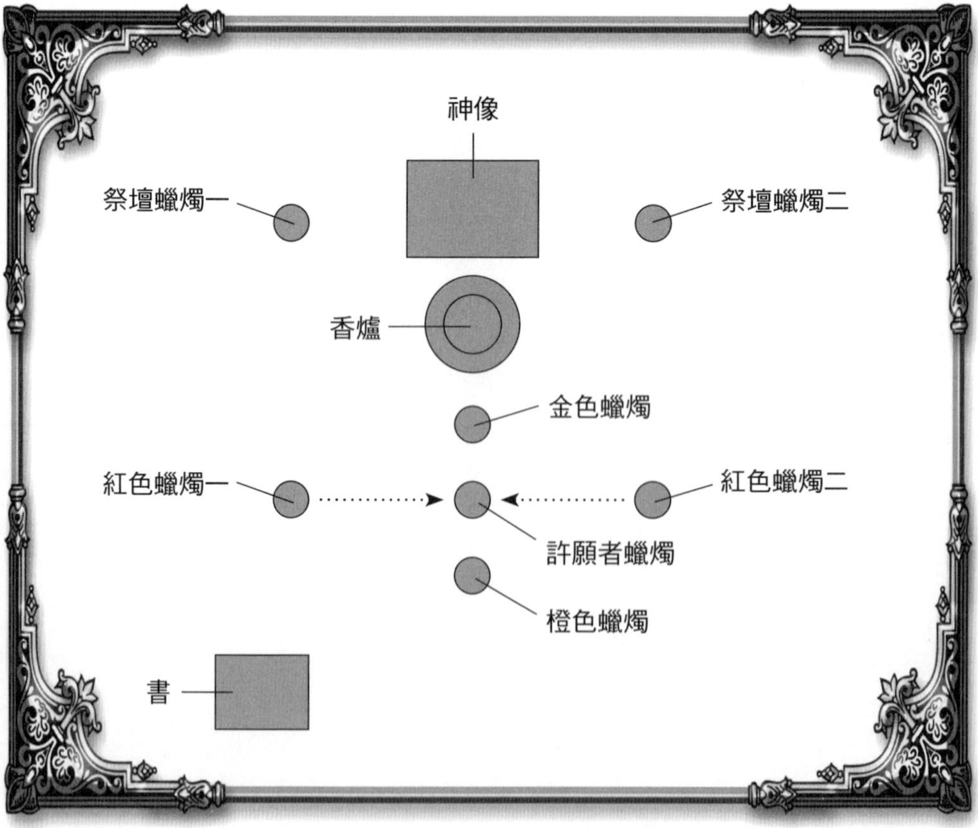

贏取或保有幸福

點燃祭壇蠟燭一和二。

點燃薰香。

點燃許願者蠟燭，想著許願者，並且說道：

這裡佇立著＿＿＿（許願者名字），

他／她的靈魂如同這火焰堅定，

幸福是他／她應得的。

點燃金色與橙色蠟燭，並說道：

＿＿＿（許願者名字）吸引到了幸福，

就像火焰吸引飛蛾一樣。
這吸引力如此強大，無法抗拒。
神魂顛倒、勾魂攝魄。

點燃紅色蠟燭一和二，並說道：

她／他得到了應得的好運與幸福，
她／他為此努力不懈，那是屬於她／他的好運。
幸福向她／他招手，一路前進。
她／他會把握好運。

現在想著那個人得到了她或他渴望的一切，並說：

一顆星星在我陰鬱的黑夜落下美麗的光芒，
一顆用光芒散發甜蜜慰藉的星星，
答應我帶來新生活與喜悅——哦，可別食言！
就像大海因月亮而炫目，
我的靈魂一躍而上，勇敢而歡欣地奔向你——
你，和你的喜悅之光——哦，可別食言！

冥想幾分鐘，想著已經創造了快樂幸福，然後再次說道：

一顆星星在我陰鬱的黑夜落下美麗的光芒，
一顆用光芒散發甜蜜慰藉的星星，
答應我帶來新生活與喜悅——哦，可別食言！
就像大海因月亮而炫目，

我的靈魂一躍而上，勇敢而歡欣地奔向你——

你，和你的喜悅之光——哦，可別食言！

再多花幾分鐘集中注意力，觀想幸福已經增長擴大，然後再次說道：

一顆星星在我陰鬱的黑夜落下美麗的光芒，

一顆用光芒散發甜蜜慰藉的星星，

答應我帶來新生活與喜悅——哦，可別食言！

就像大海因月亮而炫目，

我的靈魂一躍而上，勇敢而歡欣地奔向你——

你，和你的喜悅之光——哦，可別食言！

再多坐幾分鐘，然後熄滅蠟燭。

連續幾個晚上重複這個儀式，每一次要移動紅色蠟燭，朝許願者蠟燭接近五公分，持續到這三根蠟燭彼此碰觸為止。

11

婚姻美滿
療癒不快樂的婚姻

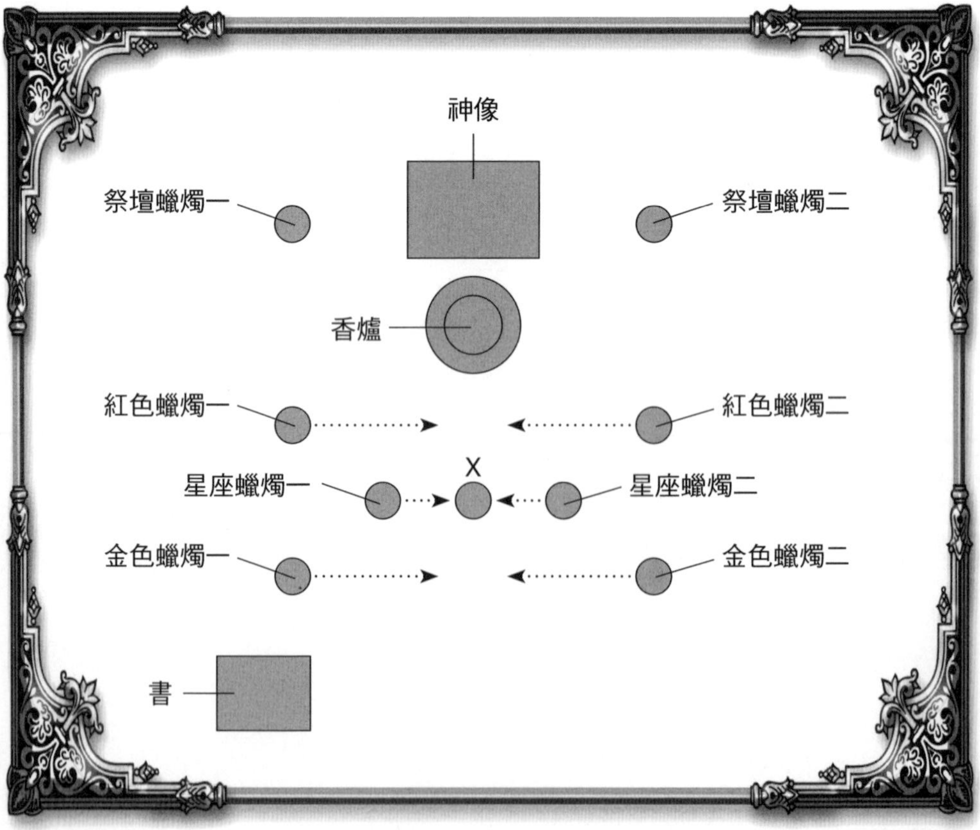

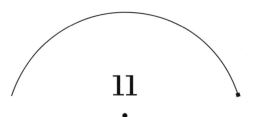

療癒不快樂的婚姻

點燃祭壇蠟燭一和二。

點燃薰香。

冥想你要實現的事情。

在想到丈夫時，點燃星座蠟燭一、紅色蠟燭一、金色蠟燭一。說道：

這段婚姻的丈夫是——（名字），

我點亮他的靈魂，

象徵著，

他知道——他對妻子——（名字）的愛，

將會鞏固並且增長。

想著妻子時，點燃星座蠟燭二、紅色蠟燭二、金色蠟燭二，說：

這段婚姻的妻子是______（名字），
我象徵性的點亮她的靈魂，
知道她對丈夫______（名字）的愛，
將會鞏固並且增長。

然後坐五分鐘，想像這兩個人被湊在一起。然後說道：

兩情相悅、琴瑟和鳴、心有靈犀；
他們之間的裂痕已癒合。
溫暖的光照亮靈魂，
穿越已不復存在的鴻溝。

幸福悄然降臨，
因為愛就是話語、愛就是那道光。
忘了差距，抹去無心之語。
愛是治癒一切傷痛的膏藥。

再冥想五分鐘，然後重複一次：

兩情相悅、琴瑟和鳴、心有靈犀；
他們之間的裂痕已癒合。
溫暖的光照亮靈魂，
穿越已不復存在的鴻溝。

幸福悄然降臨，

因為愛就是話語、愛就是那道光。
忘了差距，抹去無心之語。
愛是治癒一切傷痛的膏藥。

最後再冥想五分鐘，然後再次說道：

兩情相悅、琴瑟和鳴、心有靈犀；
他們之間的裂痕已癒合。
溫暖的光照亮靈魂，
穿越已不復存在的鴻溝。

幸福悄然降臨，
因為愛就是話語、愛就是那道光。

忘了差距，抹去無心之語。
愛是治癒一切傷痛的膏藥。

讓蠟燭再燒五分鐘，然後熄滅它們。
每隔一天就重複一次，先將兩組蠟燭朝彼此移動二．五公分，持續到兩根星座蠟燭碰觸彼此為止。

12

健康

保持（或恢復）健康

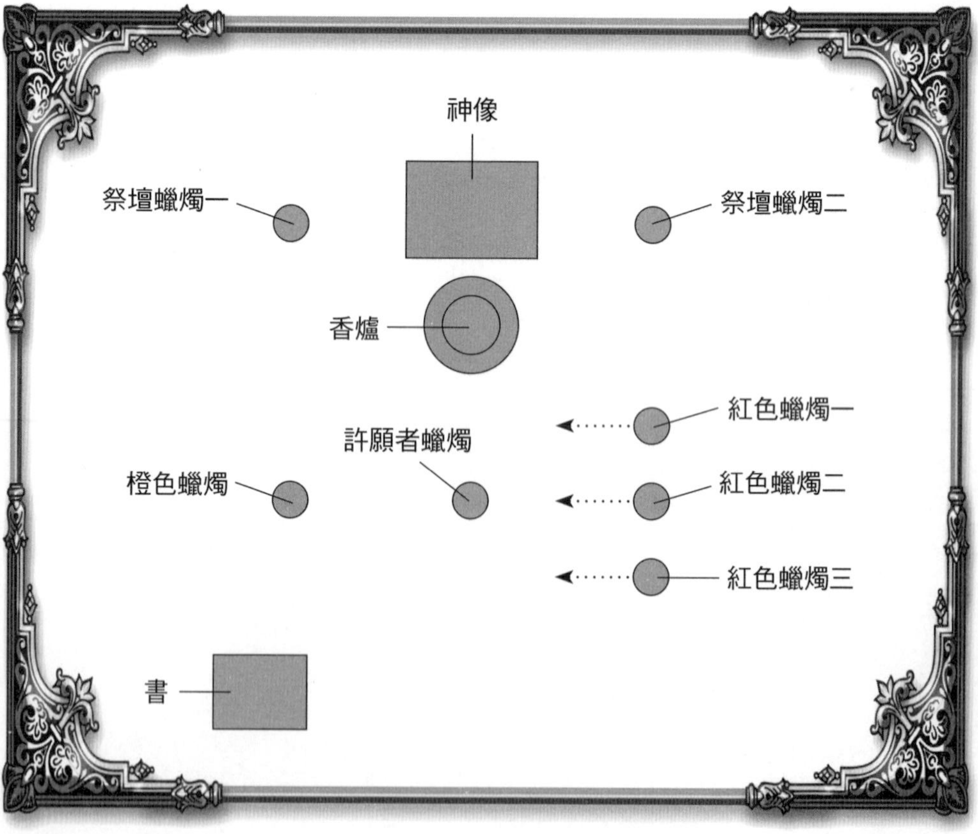

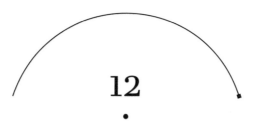

保持或恢復健康

點燃祭壇蠟燭一和二。點燃薰香。

若此儀式是為了恢復健康，請坐著幾分鐘去冥想美德與健康流回到身體裡面。

點燃許願者蠟燭，想像許願者。說道：

——（許願者名字）有絕佳的健康。

願諸神保佑他／她

長命百歲。

點燃橙色蠟燭並說：

這火焰能為——（許願者名字）吸引一切美好事物，

帶來健康、力量，以及他／她所渴望的一切；

點燃紅色蠟燭一、二和三，並說：

那麼，這就是健康與力量的三倍力量。
被帶進________（許願者名字）的身體，
服侍他／她，並且按照神的意願去治癒他／她。

然後說：

從一開始就是如此。
為了生存就必須打獵、殺生。
殺生必須要有力氣，

要有力氣，就必須進食跟運動，
要進食與活動，就必有狩獵。
要是你軟弱，你就永不會強大；
要是你強大，你就會永遠強大。
但如果你軟弱，你就必須要強大，
因為想法即是行動。
覺得自己強大，你就可以狩獵、殺生跟進食。
因此，想法強大，你就會強大、你就會行動。
想法帶來的不是食物，
但想法確實帶來獲得食物的手段。
如所願！
給強者力量，
給弱者力量，

願手臂舉起長矛。
願胳膊扔起石塊。
願手臂刺出標槍。
願永遠擁有力量。
如所願！

靜靜的坐著，冥想許願者所享有的、將要享有的美妙健康。這樣坐十到十五分鐘，然後熄滅蠟燭。每個週五重複這個儀式，連續七週，每次移動三根紅色蠟燭靠近許願者蠟燭一點點。在第七個週五，它們應該會碰到。

13

嫉妒
招引嫉妒

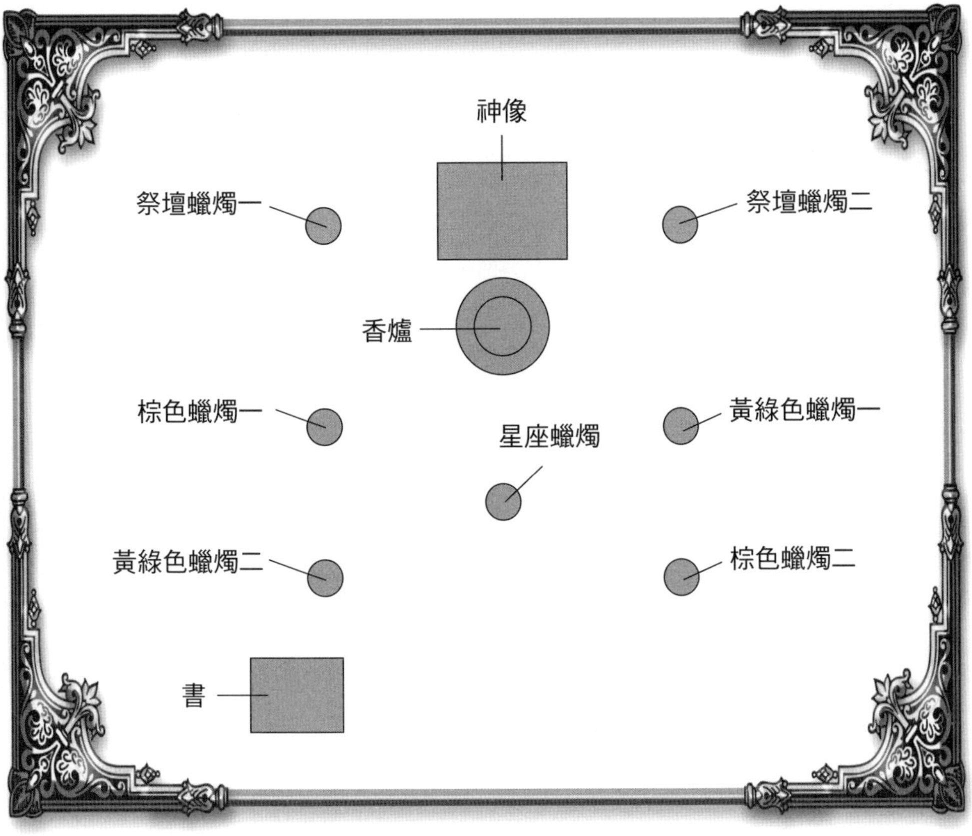

神像
祭壇蠟燭一
祭壇蠟燭二
香爐
棕色蠟燭一
黃綠色蠟燭一
星座蠟燭
黃綠色蠟燭二
棕色蠟燭二
書

招引嫉妒

點燃祭壇蠟燭一和二。

點燃薰香。

點燃希望招引嫉妒的人對應的星座蠟燭，專注的想著她或他，並且說道：

這個女人／男人＿＿＿＿（名字），如同火焰燃燒般，

所以她／他也燃起妒火，被妒火吞噬。

點燃棕色蠟燭一和二，並說道：

＿＿＿＿（對方的名字）沒有把握。

她／他對自己、對別人都不確定。

她／他猶豫不決——並且將會迷惘。

點燃黃綠色蠟燭一和二，並說：

嫉妒在她／他左右，蠶食著她／他。

它以穩定的火焰燃燒著。

然後，想像她或他愈來愈嫉妒，說道：

我躺下來睡了一覺——美美的一覺，

它撫慰了我的悲傷和憂慮；

看！一個異象降臨我身上，

有一個宛若天仙的美麗少女。

少女蒼白如大理石般，
看起來令人驚嘆不已，
她雙眸因珍珠般的眼淚而閃耀，
她的髮絲波浪閃著金光。

慢慢地、慢慢地滑動，
這少女如同大理石般蒼白，
她躺在我起伏的心上。
這少女如同大理石般蒼白。

多麼興奮悸動啊，還帶著歡欣與痛苦，
我的心在狂怒中燃燒！
少女的胸脯不再顫動、不再悸動——

冷若冰霜。

「我的胸膛既不顫動、也不悸動，
在某種意義上是冰冷的；
但我深知愛的喜樂，
深知愛，無所不能。
我的臉頰沒有血色，
我的心無動於衷；
你可不要抵抗毛骨悚然的恐懼；
我對你算仁慈又善良。」

她更加任性地依偎著我，
我的理智快要崩潰了；

雄雞大聲啼叫——然後消散在虛空中
這少女如同大理石般蒼白*。

在幾分鐘後熄滅這些蠟燭，每個週一與週六都施行此儀式，實施三週。

* 譯註：這首詩用蒼白冰冷的少女象徵著嫉妒的能量，使施術對象感覺不舒服。

14

戀愛
贏得愛情

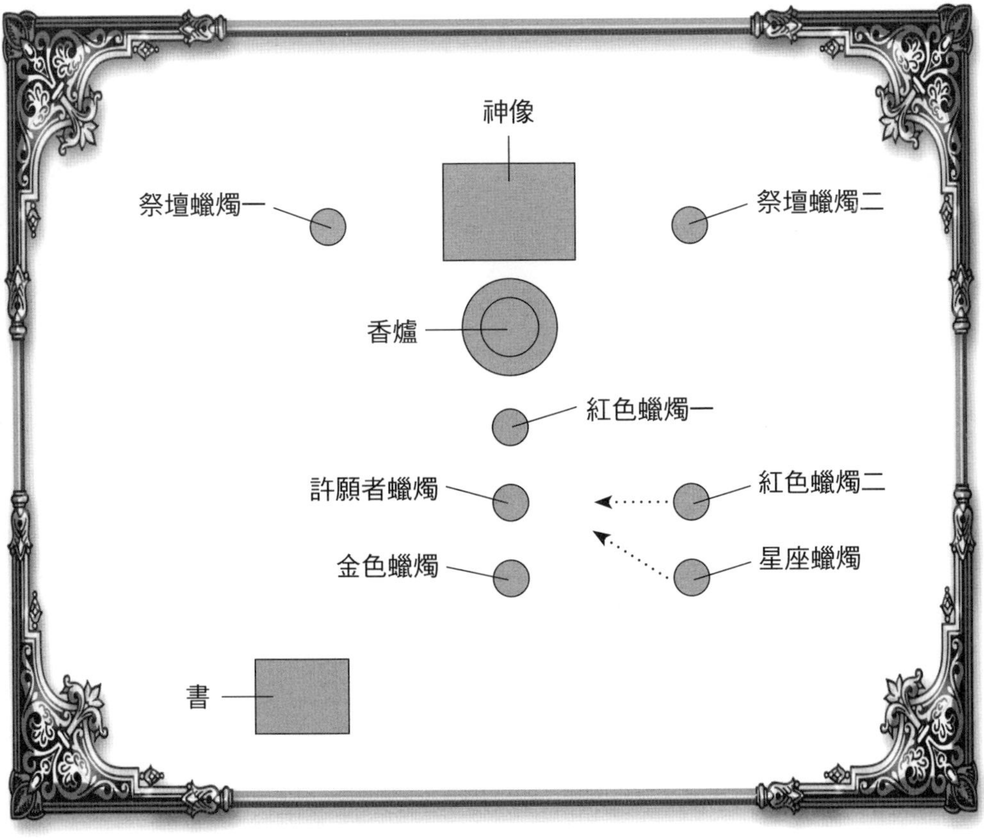

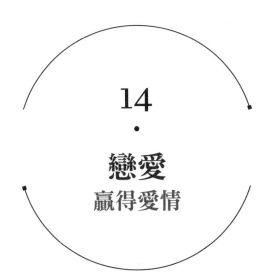

贏得愛情

點燃祭壇蠟燭一和二。

點燃薰香。

點燃許願者蠟燭，說道：

這是——（許願者名字），

這根蠟燭就是他／她；

火焰就像他／她的靈魂般燃燒。

點燃紅色蠟燭一並說道：

——（許願者名字）有美妙非凡的愛，在此綻放盛開。

這是真誠濃烈之愛，眾人渴求。

點燃求愛對象的星座蠟燭，說道：

我在此看到——（許願者名字）的心。
我想像她／他在我面前，並且對她／他知之甚詳。

點燃紅色蠟燭二並說道：

——（求愛對象的名字）——對（許願者名字）的愛隨這火焰滋長，
就像這火光灼灼，
永遠受他／她吸引。
——（許願者名字）對她／他的愛美妙非凡。

點燃金色蠟燭並說道：

她被吸引到他身邊，這個人走向另一個人。
他／她這樣的愛，只令人感受到吸引力。
這根蠟燭燃燒著，總是吸引她／他靠近。
他／她的說服力很強大。
她／他總感覺深受吸引；
對他／她念念不忘。
她／他的白天因渴望他／她而漫長，
她／他的黑夜充滿著渴望。
她／他希望兩人合而為一，琴瑟和鳴。
她／他最迫切的需求，是兩人永遠合而為一。
她／他難以成眠，直到

在他／她身邊，就躺著她／他。
他／她的每個心願，她／他都會去滿足，
去服務、去實踐——而不是無動於衷。
她／他無法抵擋如此強大的魅力，
她／他也不想去抗拒，
她／他只希望順其自然
在旅途的終點走向他／她。
太陽從哪裡升起，
他／她的愛就與她／他同在，
太陽在哪裡落下，
就有她／他在那裡。

坐一會兒，然後熄滅蠟燭。

每天重複此儀式，每一次移動星座蠟燭跟紅色蠟燭二，靠近許願者蠟燭二・五公分，持續到星座蠟燭與紅色蠟燭二碰觸許願者的蠟燭為止。

15

好運

改變運勢

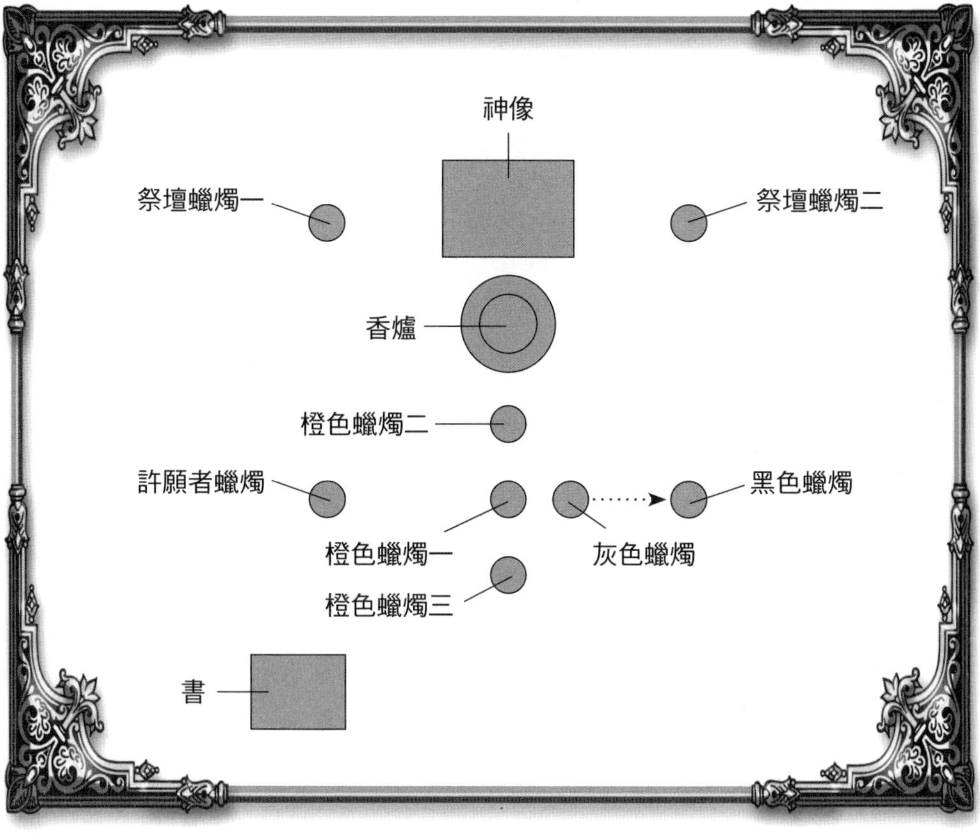
神像
祭壇蠟燭一
祭壇蠟燭二
香爐
橙色蠟燭二
許願者蠟燭
黑色蠟燭
橙色蠟燭一
灰色蠟燭
橙色蠟燭三
書

改變運勢

點燃祭壇蠟燭一和二。

點燃薰香。

點燃許願者蠟燭，用心想著許願者並說道：

這根蠟燭代表＿＿＿（許願者名字），
它代表她／他，而且是在所有方面當中的她／他。

點燃橙色蠟燭一、二和三，用心想著許願者的運氣變得更好了。說：

我鼓勵＿＿＿（許願者名字），
她／他的運氣會改變，

而好運會屬於她／他。

點燃黑色蠟燭並且說：

這是＿＿＿＿（許願者名字）的厄運，

她／他所有的問題都在這裡、

所有的艱辛和失望都在這裡。

點燃灰色蠟燭，想著問題都被抵銷了，並說道：

壞事跟厄運都被中和了。

壞事停擺，然後

往好事發展。

想像許願者的運勢確實改變了，由壞變成好的，然後想著事情往好的一面成長。花幾分鐘想一下，說道：

你會怎麼做？
為什麼要改進？
怎麼改進？
去贏得、去實踐、去愛。
你現在就不愛自己的生活了嗎？
既是，也不是：因為雖然我愛，我卻覺得那只是整體的一小部分，
是我還在等待的其中一小部分，
就是這樣！你想贏得什麼？
那就是我所說的全部。
我面對著一堵牆，

我在死胡同裡，帶我離開這裡。
去過生活嗎？去愛嗎？

是啊，就去那裡，可還有更多的東西等著。
你說還有更多嗎？你有野心啊！
確實如此，因為我得改運，
那樣我就過得下去。
你擁有的野心是關鍵。
成功將屬於你，但何時能成功呢？
你必須要有耐心！
我有耐心，還不夠嗎？
是的，如果你有野心，兩者兼備。
它們往往難以匹配。

那麼，何時我能發現這個改變呢？
我的運勢何時改善呢？
我以月亮的陰晴圓缺發誓，
保持一切將會變好的想法，
你會改善的。
你有很多要實踐的，和很多要去愛的。
不要鬆懈你的野心，也不要氣餒。
透過我們女神*的變化過程
你最後將看到這些計畫成真，
你將不再回想過去。
為什麼這樣說呢？
你將會為未來而忙碌。

坐著十分鐘，想著一切都會變得更好。

熄滅蠟燭。

連續幾個晚上重複這個儀式，每一次移動灰色蠟燭靠近黑色蠟燭二．五公分。

＊註：指月亮。

16

冥想
靜心冥想

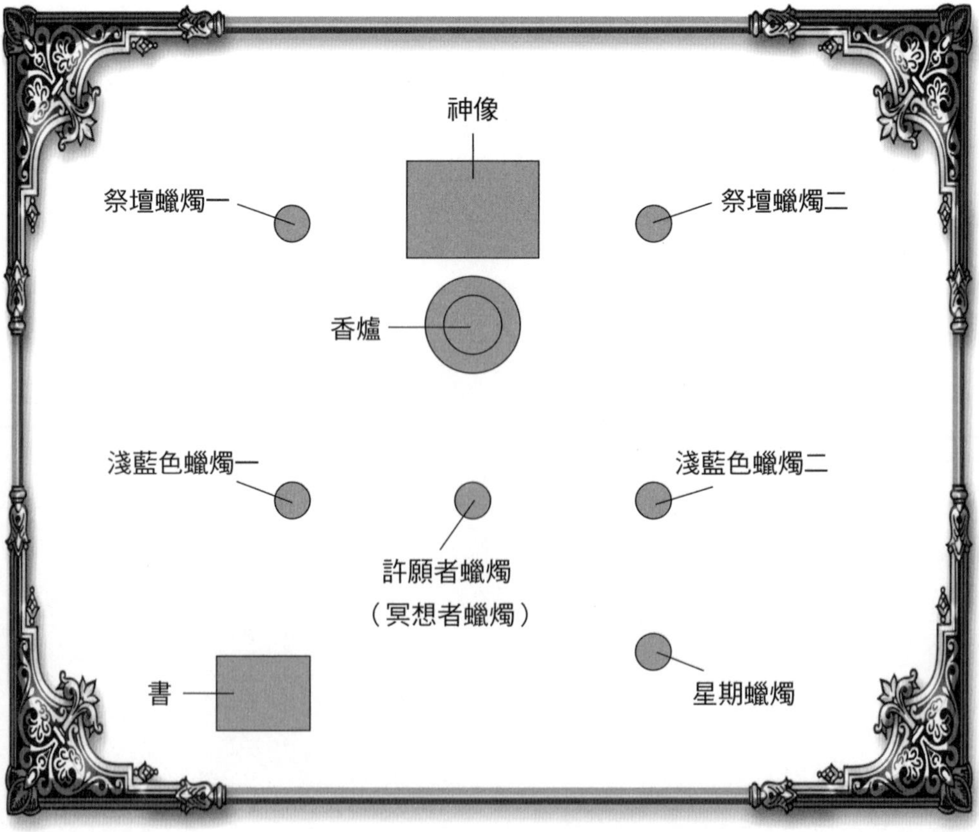
神像
祭壇蠟燭一
祭壇蠟燭二
香爐
淺藍色蠟燭一
淺藍色蠟燭二
許願者蠟燭
（冥想者蠟燭）
書
星期蠟燭

靜心冥想

點燃祭壇蠟燭一和二。

點燃薰香。

點燃星期蠟燭。

點燃許願者蠟燭（許願者等於冥想者）。

想著自己，並說道：

　　這根蠟燭就是我自己；穩定而確實地燃燒著。

點燃淺藍色蠟燭一和二，並說：

　　我在此找到平靜與安詳。

一個我可以安全靜心冥想
並在靈性上成長的地方。

以你自己的特定方式冥想（即超覺靜坐、梵咒瑜伽或其他方式）。*在冥想結束時依點燃順序顛倒熄滅蠟燭。

---

* 註：有一些關於冥想的推薦書：《TM之書》（*The TM Book by Denise Denniston and Peter McWilliams*）、《譚崔瑜伽冥想之道》（*Meditate the Tantric Yoga Way by Swami Jyotirmayananda*）、《佛教徒冥想》（*Buddhist Meditation by G. Constant Lounsberry*），以及《為何要冥想與如何冥想》（*Why and How of Meditation by Russ Michael*）。

17

金錢

獲得金錢

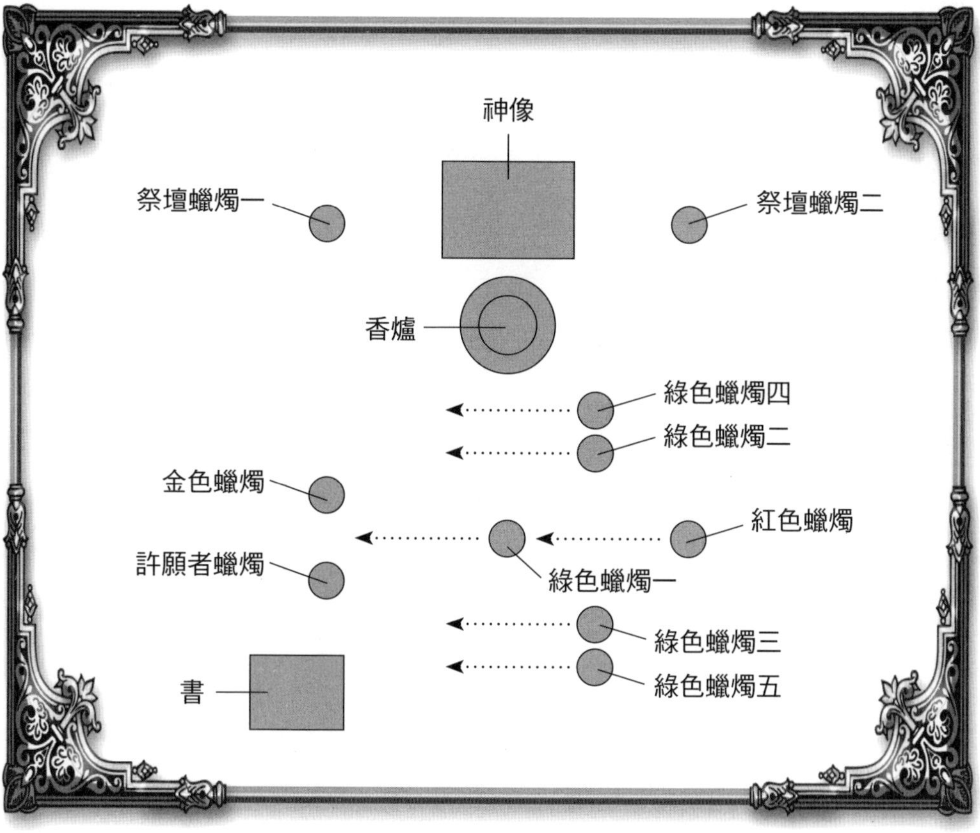

神像
祭壇蠟燭一
祭壇蠟燭二
香爐
綠色蠟燭四
綠色蠟燭二
金色蠟燭
紅色蠟燭
許願者蠟燭
綠色蠟燭一
綠色蠟燭三
綠色蠟燭五
書

獲得金錢

點燃祭壇蠟燭一和二。

點燃薰香。

坐下來冥想片刻，在你的腦海中釐清你想要實現的事情。

點燃許願者蠟燭，用心想著許願者（當然是你自己也可以）。然後你說：

> 這根蠟燭代表________（許願者名字），
> 當蠟燭燃燒，他／她的靈魂也燃燒著。

點燃金色蠟燭。認真想一想吸引錢的力量，並且說道：

> 這根蠟燭代表吸引力，

它對＿＿＿（許願者名字）有效，也就是旁邊的名字，

為此運作。

按照順序點燃綠色蠟燭，仔細想一想金錢。當你點燃它們時說道：

這些蠟燭代表＿＿＿（許願者名字）

所渴望的金錢，

那就是他／她所需的*＿＿＿不多也不少。

點燃紅色蠟燭，想像願望完全實現了。

＊註：你將會發現此儀式會在急需時帶來金錢，它不會因為只是想要有錢就送錢來。

這根蠟燭代表把錢送到

＿＿＿（許願者名字）身上的力量和指令。

暫停，然後思考一會兒，接著說：

因為錢是滿足我們需求的必需品，

所以我們必須努力獲得它。

所有我應該得到的，或者完全沒收到的，

＿＿＿（許願者名字）現在急需錢，

吸引金錢，然後帶給他／她。

讓他／她找到他／她需要的一切。

現在，供給他／她金錢，來滿足迫切的需求。

因為據說神明會在

肯定需要錢的時候伸出援手。

現在正需要錢。讓他／她一切順利，

讓他／她綽綽有餘，

讓他／她不再渴望。

現在想想願望實現了，而許願者現在有錢了。想像錢實際上是歸他／她所有了。

這筆錢現在是他／她的了。

——（許願者名字）持有它，擁有它，

現在錢滿足了他／她的需求。

他／她安全地收到錢，而且很開心。

讚美神明的美善。

向來都是如此。

現在一切都很順利了。

然後靜靜的坐五分鐘，讓蠟燭和薰香燃燒。在這一過程結束時，你可以熄滅蠟燭。

第二天應該重複此儀式，但在儀式開始前，往左移動五根綠色蠟燭和紅色蠟燭五公分。每一天儀式之前都移動它們，直到你所移動的綠色蠟燭，碰觸了固定的金色蠟燭和許願者蠟燭為止。

18 • 平靜

舒緩並安撫神經

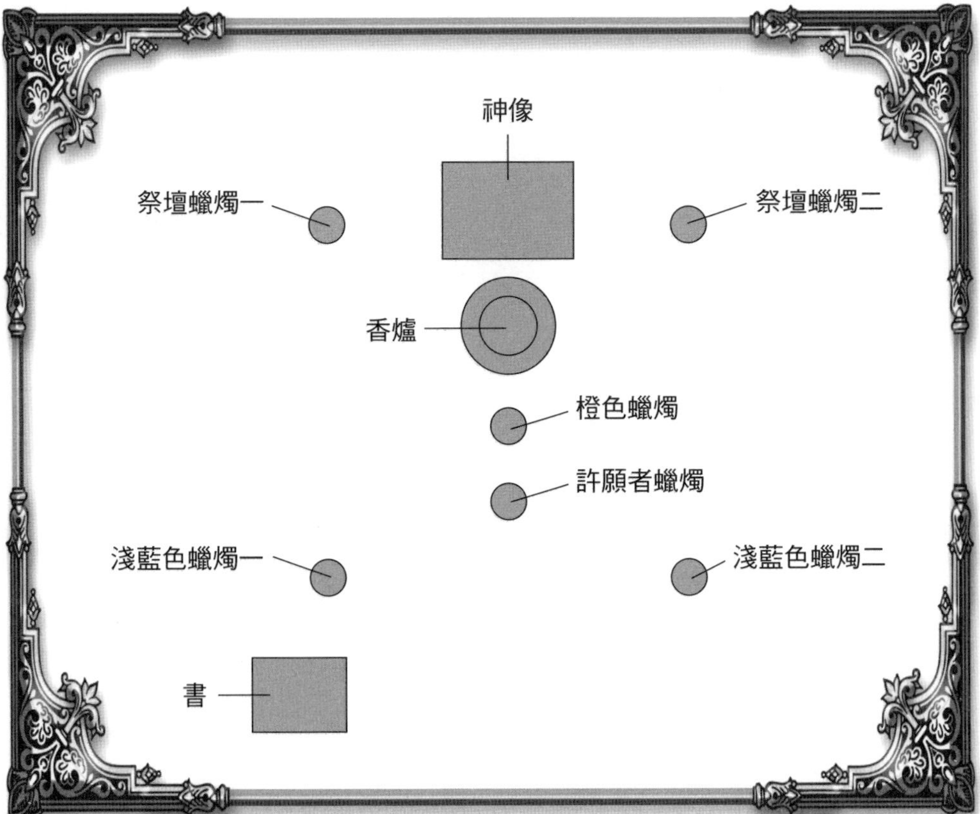

舒緩並安撫神經

點燃祭壇蠟燭一和二。

點燃薰香。

坐下來一會兒，嘗試釐清腦海中的一切思緒。

點亮許願者蠟燭，並且說道：

——（許願者名字）安靜地在這裡，

他／她的靈魂和蠟燭火焰一樣堅定。

點燃橙色蠟燭並且說：

這是對他／她努力的鼓勵，

他／她有力量拋開憂慮。

點燃淺藍色蠟燭一和二，並說：

——（許願者名字）的周遭

是平靜、安詳、耐心與愛。

沉默的坐一會兒，然後輕輕的說：

雨很溫柔，它輕輕落下

到下面的田野上。

它使心情平靜，它使頭腦安靜，

提供我們需求的孤獨。

它淅瀝瀝降下，更加輕柔，
從未折彎一片葉子，
然而那裡的水
將會洗去所有哀傷。
因為隨之而來是澄淨光滑，
還有寧靜、和平與愛，
到處都是新氣象，
從天上的雲朵降下來。
我們感到如此鎮靜、如此溫暖、如此安詳；
我們再也不會感到心煩意亂
或是「絕不緊張」了，
而是保持平靜。
因為我們現在已經找到周遭的愛，

如此輕柔、如此安詳、如此明確；
我們可以放鬆，我們可以躺下來，
用心平氣和來治癒。

靜靜坐著十分鐘或十五分鐘，想著綠地和小溪、樹木、原野以及濕地。專注在愉悅的事物上——必須是具體物品而非事件。然後再次說道：

雨很溫柔，它輕輕落下
到下面的田野上。
它使心情平靜，它使頭腦安靜，
提供我們需求的孤獨。
它淅瀝瀝降下，更加輕柔
從未折彎一片葉子，

然而那裡的水
將會洗去所有哀傷。
因為隨之而來是澄淨光滑，
還有寧靜、和平與愛，
到處都是新氣象，
從天上的雲朵降下來。
我們感到如此鎮靜、如此溫暖、如此安詳；
我們再也不會感到心煩意亂，
或是「絕不緊張」了，
而是保持平靜。
因為我們現在已經找到周遭的愛，
如此輕柔、如此安詳、如此明確；
我們可以放鬆，我們可以躺下來，

用心平氣和來治癒。

熄滅蠟燭。

無論何時當你覺得需要，就重複此儀式。

19

權力

得到凌駕於他人之上的權力

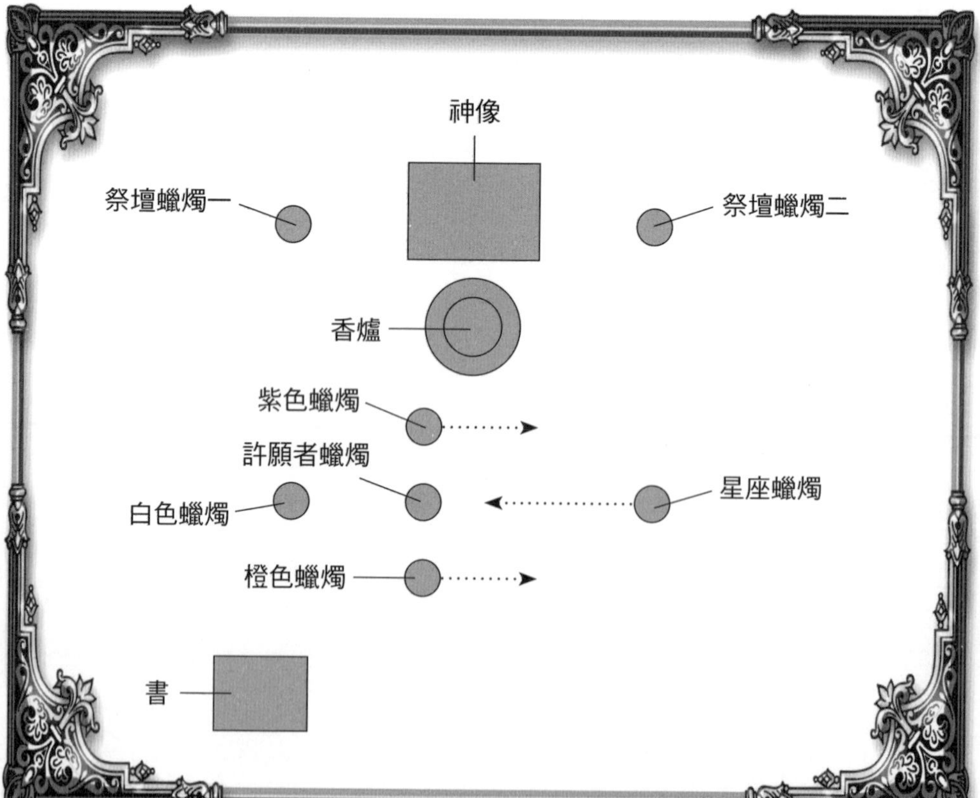

得到凌駕於他人之上的權力

點燃祭壇蠟燭一和二。

點燃薰香，當煙霧升起，想像許願者的力量隨之增長。

點燃許願者蠟燭，想著許願者，並且說：

這裡燃燒著______（許願者名字）的

靈魂、權力跟力量，

他／她有凌駕一切的力量。

點燃白色蠟燭並說道：

這是______（許願者名字）的力量，

這是純潔與真誠，
將使＿＿＿＿（許願者名字）
控制所有反對他／她的人。

點燃許願者想要支配者的星座蠟燭。說道：

在我面前看到了＿＿＿＿（名字），
是＿＿＿＿（許願者名字）的僕人，
只要沒有他／她主人的意願，
他／她什麼也做不了。
沒有他／她主人的指示，
他／她什麼也想不出來。
因為他／她只是主人手中的傀儡。

點燃紫色蠟燭並說：

力量屬於＿＿＿＿（許願者名字）。

點燃橙色蠟燭並說道：

他／她有吸引力，

他／她吸引別人來找他／她

並遵從他／她的意志。

坐著幾分鐘，並想想實際上另一個人因許願者一時性起而奔波。說道：

因為他／她是男神／女神，無人能與他／她匹敵，無人能超越他／她。
他／她是個聰明的大師，
善於策劃，裨益仁政；
來去都照他／她的號令。
當他／她的父親尚在宮殿裡，
是他／她征服了異邦之地。
而他／她向父親稟報，
他／她已經完成接到的指令。
他／她確實強而有力，以他／她強壯的手臂企及；
果敢勇猛，無人能敵！
他／她砸頭骨來發洩怒氣，
無人能凌駕於他／她之上。
在發動攻擊時，他／她的心堅實無比，

也不讓怠惰棲於他／她的心中。
到混戰時，他／她露出無畏神情；
攻擊野蠻人是他／她的樂趣。
他／她配戴盾牌，鎮壓敵人；
不會為了殺敵而兩次出擊！
但他／她是魅力之王和甜蜜大師；
他／她透過愛所向披靡！
他／她的子民愛他／她勝過自己。
他們為他／她歡欣勝過自己敬拜的神；
男男女女向他／她致敬，並與他／她同歡，
如今他／她就是國王／皇后！
他／她尚在襁褓已然征服世界。
打從他／她出生，

他／她的威信變成皇家功績。
他／她使一同出生的人倍增；
他／她獨一無二，是上帝的贈禮。
他／她是個能開疆闢土的人，
他／她將占領南方異邦，
並輕易奪取北方諸國，
天生就是來重挫異邦
並強襲穿越沙漠的人。
現在他／她來統治這片土地，多麼開心啊！

熄滅蠟燭。

每晚重複此儀式，連續九晚。每一次都把星座蠟燭朝中間移動二．五公分，也要把紫色蠟燭跟橙色蠟燭朝中間移動二．五公分。

20

增強力量
增強你的力量

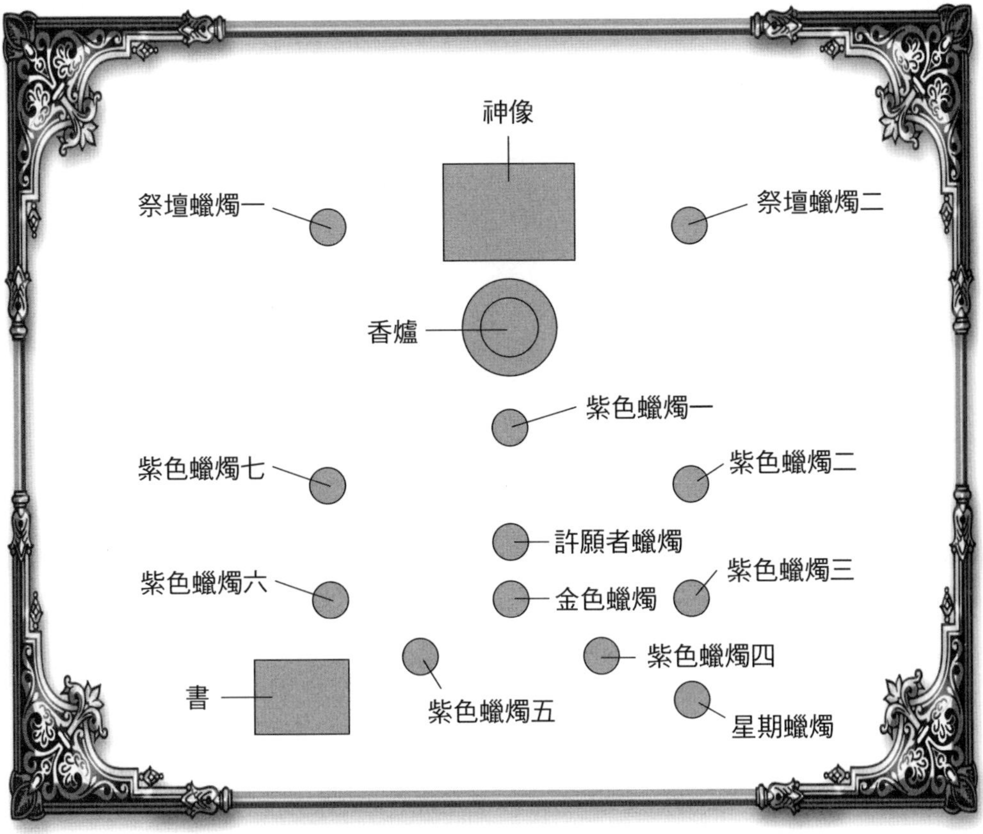

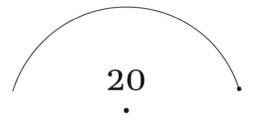

增強你的力量*

點燃祭壇蠟燭一和二。點燃薰香。

點燃許願者蠟燭，仔細想一想許願者，然後說道：

這裡是一個有力量的人——（許願者名字），
她／他擁有巨大的潛能，
但是等待徵兆才能顯現。

點燃金色（或黃色）蠟燭，並且說：

這是吸引力和自信的火焰，
透過它，她／他的潛能成為事實。

點燃星期蠟燭（注意：此儀式應該在滿月前的七天開始。星期蠟燭是對應儀式那天的顏色〔參見「準備工作」單元：表二〕，因此，每一天儀式會用不同顏色的星期蠟燭）。

點燃紫色蠟燭一（注意：在儀式第二天點燃紫色蠟燭一和二；第三天，點燃紫色蠟燭一、二、三，以此類推）。說道：

（許願者名字）內在的力量
像火焰般穩定燃燒，
一天接著一天，增強力量。
它永遠在當前、它永遠都用得上。
因為無論它如何消散，
它就會被補上三倍的力量。

* 註：適用於通靈能力、魔法力量、療癒力量、超能力等等。

舒適的坐著或跪著，冥想許願者，想像許願者的力量——正在被療癒。超能力、魔法或是其他的東西——不斷的成長。在你的內心影像中，許願者被深紫色光芒或霧包圍。觀想這道光架構出大小與密度，然後觀想它被許願者吸收了。它剛被吸收就會有更多的拓展，然後再度被吸收。儘量長時間進行這種專注的冥想，然後放鬆，讓思緒完全沉澱下來。說道：

所以——————（許願者名字）的力量滋長
不斷增強，不斷補充。
一天又一天，力量也在增長。
力量使用得愈多，它就愈發強大。
就讓它永遠如此吧！

依點燃蠟燭順序顛倒熄滅蠟燭。

21

豐盛

獲得豐盛

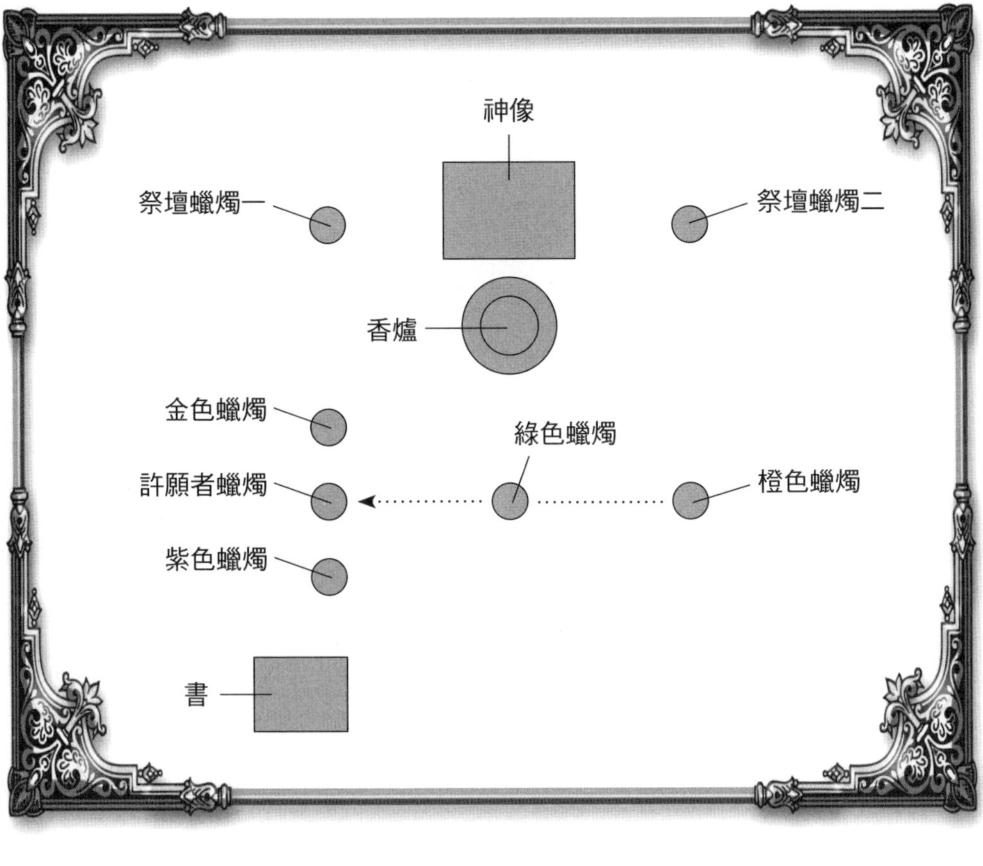

神像
祭壇蠟燭一
祭壇蠟燭二
香爐
金色蠟燭
綠色蠟燭
許願者蠟燭
橙色蠟燭
紫色蠟燭
書

獲得豐盛

點燃祭壇蠟燭一和二。點燃薰香。

觀想幾分鐘，想像許願者成長得愈來愈豐盛；當然，這是透過許願者自身的努力。

點燃許願者蠟燭，專注想著她或他。說道：

這根蠟燭代表＿＿＿＿（許願者名字），
其靈魂與決心
如同這火焰般強烈與真實。

點燃金色蠟燭並說道：

這是＿＿＿＿（許願者名字）的自信，
它就是那樣，
必然為他／她帶來豐盛。

點燃紫色蠟燭並說：

這就是力量的火焰，
必須小心掌控。
但如果這樣掌控了，它將回報它的主人財富，
以及他／她意想不到的豐盛，
蒸蒸日上。

點燃綠色與橙色蠟燭（綠色優先），並且說道：

這裡有全世界的錢，
這才是真正的豐盛；真正的富裕與好運。

然後說：

山上的小泉汩汩冒出晶瑩的泉水，
從高處奔流，
從許多追求釋放的小支流那裡
匯聚一起。
它延伸了又延伸，一條湍急、不斷拓寬的河流。
它在平原上慢了下來，但仍在擴張。
吸收著它接觸的一切，
吸收更多小支流來餵養自己。
吸收著、吸收著，甚至擴張、成長。

最後經過漫長的時間，到達了大海。
那向外延伸的廣闊天地，
越過地平線抵達永恆。
紛沓而來的湍急河水——
已經吸收？或正在吸收？已經支配……
或最終支配一切了嗎？
雖然它是這樣，從最卑微的開始增長的，
一直到它擁有一切，完完整整。
與大海合一。

坐一會兒再熄滅蠟燭。連續幾天重複此儀式，每一次都朝著許願者蠟燭移動綠色與橙色蠟燭五公分。

持續做到綠色蠟燭碰觸許願者蠟燭為止。

22

淨化

自我淨化

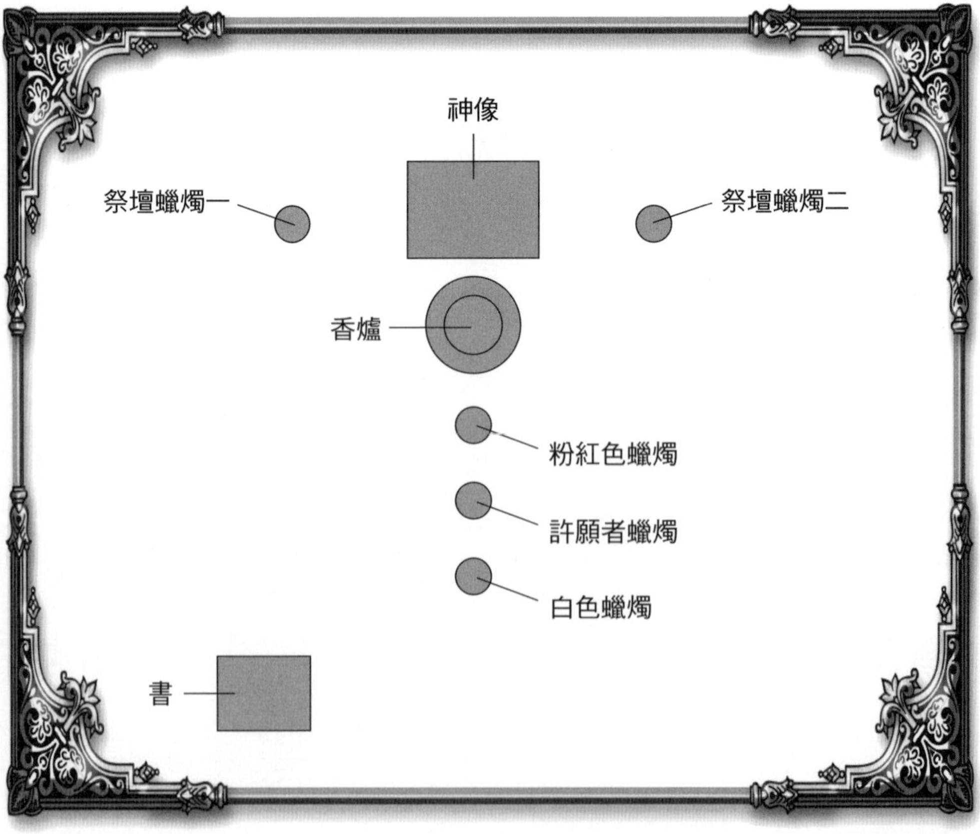

神像
祭壇蠟燭一
祭壇蠟燭二
香爐
粉紅色蠟燭
許願者蠟燭
白色蠟燭
書

自我淨化

點燃祭壇蠟燭一和二。

點燃薰香。

點燃許願者蠟燭，同時專注想著許願者，並說道：

> 這是＿＿＿＿（許願者名字），
> 其靈魂像這火焰一樣確實燃燒著。
> 她／他是正直的、堅定的、真誠的。
> 純潔是她／他的名字。

點燃粉紅色蠟燭時，想著許願者有偉大的愛與榮耀。說道：

這是他／她的榮耀、她／他的正直。

點燃白色蠟燭並說：

而這也是她／他的純潔、真心。

現在仔細想想，這一切進入許願者身上並留下來的特質。現在是許願者身上的一部分，這個許願者是純淨的。說道：

女祭司在侍女的陪伴下，
從東方來到這裡，
終於抵達了河流的岸邊。
她停了下來，

並且眼睛倒映著
閃爍的河水，
她微笑並朝天空舉起雙臂。
侍女靠上前來，
伴隨著悅耳的笑聲，
她們開始為她們的女主人更衣。
她們鋪上精緻的絲綢圍巾，
在溪邊的濕漉草地上，
上面放著女祭司的珠飾*，
她們當中最年輕的一位梳著她主人的頭髮，
其他人卸下了自己身上的衣物，

* 註：儀式用的珠寶。

然後她們都手牽著手，
帶著一點哭泣，並抓緊喜悅，
順著河灣而下，奔向銀白色的小溪。
水花四濺，
水中仙子與精靈全都奔跑、跳躍跟叫喊。
他們身上落下了旅途中的灰塵，
他們煩惱的碎屑也隨之而落。
閃閃發光的一條河水，纏繞著草木覆蓋的河岸，
當他們在此嬉戲時，已經被淨化了。
他們是純淨的，再次被淨化了。

靜坐十五分鐘，然後熄滅蠟燭。
只要還有需要，就每三天重複一次此儀式。

23

顯像占卜
顯像占卜儀式

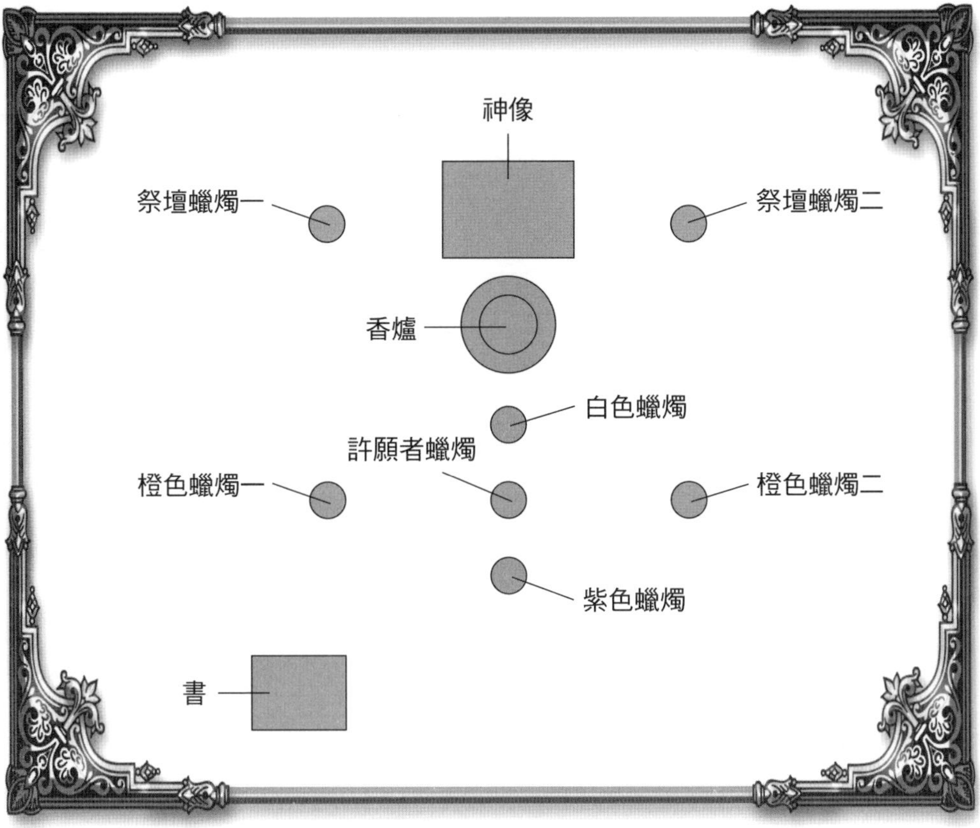

顯像占卜儀式*

點燃祭壇蠟燭一和二。

點燃薰香（建議使用肉桂和乳香的混合物）。

點燃許願者蠟燭，想著許願者，並且說：

這裡燃燒的是＿＿＿＿（許願者名字）的靈魂與力量，
在神祕中有智慧，在淨化當中堅定不移。

點燃白色蠟燭，並說道：

這裡燃燒著淨化、真理與真誠的力量。
在整個儀式中，以上特質都與他／她同在。

點燃紫色蠟燭並說：

力量屬於他／她的。

在這個儀式中，實現了他／她目標的力量。

點燃橙色蠟燭一和二，並說：

他／她想要顯像的東西，會被他／她所吸引，

正如飛蛾受燭火吸引。

坐一會兒，整理你的思緒。確實決定你希望看到的內容，然後說道：

＊同樣適用水晶球占卜、鏡子占卜，或是任何形式的靈視顯像技巧。

在我周遭建立了一堵光牆，
只有對我無害的才能穿過它，
我可以毫無疑問的看到一切，
然而我所見的，未必能觸及我，
諸神是我的嚮導，因為祂們是我的力量。
所揭示出來的一切都是透過祂們，
為此我表示感謝。

回頭轉向燈火通明的祭壇，清理你所有的雜念，把注意力放到你想要顯像的物體上（水晶、鏡子或其他東西），它可以放在地板上，或是另一張小桌子上。

在通靈顯像後，再次轉向祭壇並且說：

我渴望的已經實現了，

願上帝永遠與我同在，

無論我做了什麼，上帝都保護著我。

依點燃蠟燭順序顛倒熄滅蠟燭。

24

清白
停止造謠

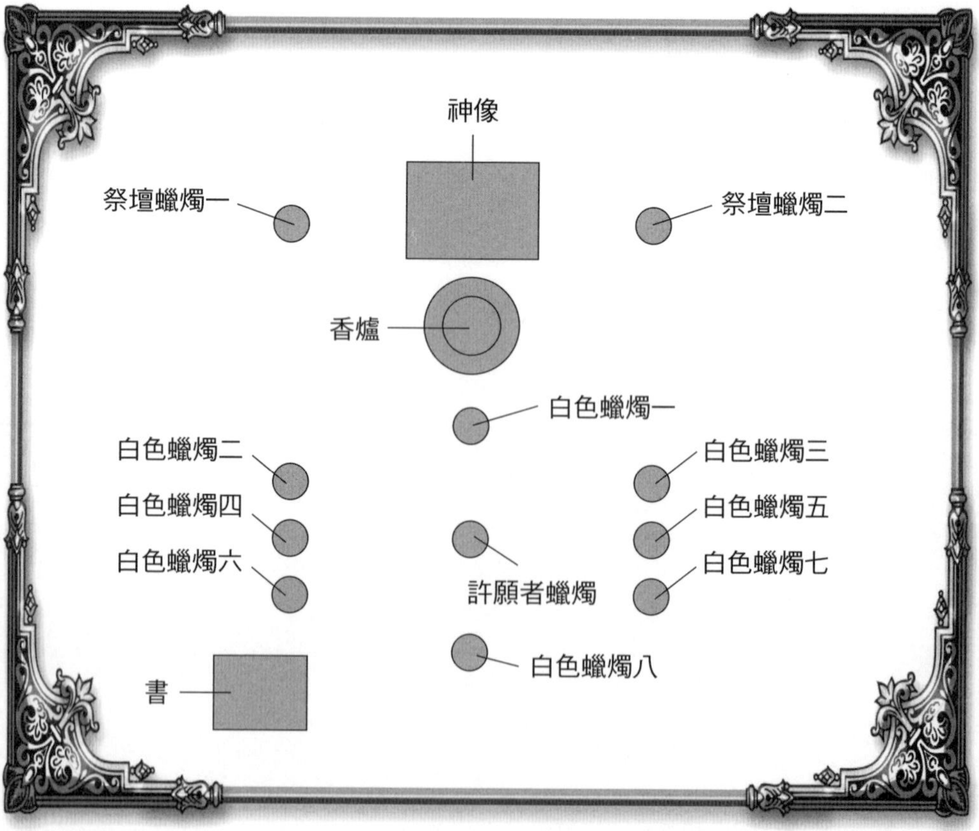

神像
祭壇蠟燭一
祭壇蠟燭二
香爐
白色蠟燭一
白色蠟燭二
白色蠟燭三
白色蠟燭四
白色蠟燭五
白色蠟燭六
白色蠟燭七
許願者蠟燭
白色蠟燭八
書

停止造謠

點燃祭壇蠟燭一和二。

點燃薰香。

點燃許願者蠟燭，並且專注意念在她或他身上。說道：

這是＿＿＿＿（許願者名字），她／他被不公平的毀謗了。

按照順序點燃白色蠟燭並且說：

真理與純潔的力量在她／他身邊，
她／他周圍的一切都是誠實的力量，
任何東西都不能穿過這面盾牌來傷害她／他。

然後想像一下，不公正的誹謗已經停止了，許願者清白而且毫髮無損。大聲並且大膽的說：

這是我做出來的化身！
這是＿＿＿（誹謗者名字），
是毀謗我的人。
然後，看啊，那就是她／他。
現在她／他在我身前，
她／他想要傷害我。
但我要蒙蔽她／他，使她／他垂頭喪氣！
她／他出口毀謗的嘴，
我一定要它閉上，
我會縫上嘴唇，

她／他就再也不能說了。
她／他的身體將會
被紅色繩子緊緊束縛，遭到蒙蔽。
她／他應該被緊緊綑綁，
她／他再也不能說話了；
也無法以任何方式，和她／他惡毒的心打交道，
那些對八卦見獵心喜的人，
照單全收並散布謠言者，
播下了毀謗的種子，
誇大其辭，然後加油添醋。
現在，他們種下的莊稼被砍倒了。
他們的田地荒蕪了，
他們的土地貧瘠了。

說不出口，
雙唇緊閉，
他們的惡意沒了，
所以我的行為毫髮無傷，
就是這樣，
因為我心願也是這樣。

靜坐十分鐘，然後熄滅蠟燭。
只要還有需要，就每三天重複一次此儀式。

25

成功
達到成功

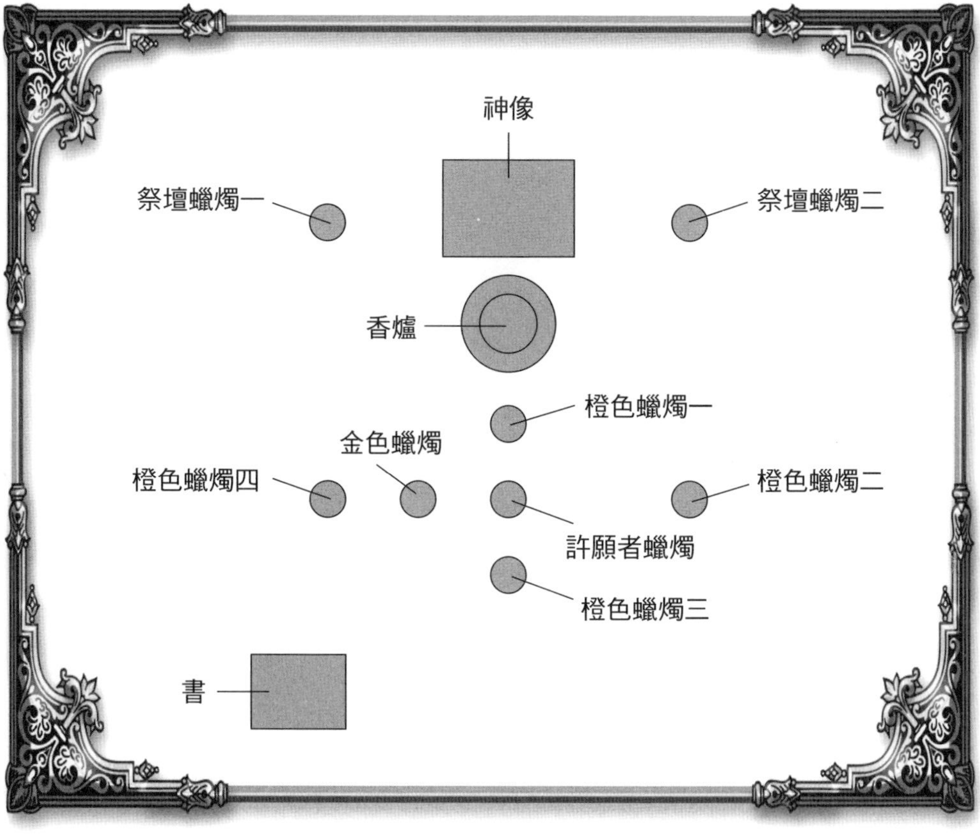
神像
祭壇蠟燭一
祭壇蠟燭二
香爐
橙色蠟燭一
金色蠟燭
橙色蠟燭四
橙色蠟燭二
許願者蠟燭
橙色蠟燭三
書

達到成功

點燃祭壇蠟燭一和二。

點燃薰香並且觀想已經達到成功了。

點燃許願者蠟燭，想像許願者的模樣，並說道：

這代表＿＿＿（許願者名字）

一個善良又正直的人。

他／她努力工作來獲得

在＿＿＿（他／她希望獲得成功的細節），

這樣的成功當之無愧！

點燃金色蠟燭並說：

這是將為他／她吸引成功的火焰，
火焰是強大的；吸引力也是強大的。

點燃橙色蠟燭，並說道：

這就是他／她渴望的成功，
受他／她自己的力量
以及神的旨意吸引過來，
他／她愈是當之無愧，成功就會走向他／她。
他／她愈努力獲得成功，他／她就會愈富有。

坐下來五分鐘，想像許願者在他／她的工作中，理應獲得成功的一切作為。觀想成功走向許願者，看著許願者終於能坐下來，獲得他／她合理的報酬。說道：

陽光正在嬉戲，
輕盈的越過波濤洶湧的海洋；
因為我看到出海的船隻
要送我回家，
但還沒有合適的順風，
而我安靜的坐在白沙上
在寂寞的海邊，
我讀了〈尤里西斯之歌〉，
那首古老卻永遠青春之歌，
從那片海——低語的波濤
喜悅地升起神的氣息，
和人類風光明媚的春天，
和希臘美麗無雲的天空。

我高貴忠誠的心，
伴隨著在苦難中的拉厄爾特斯之子*[1]
他同在、與他同悲，
與他同挨在溫暖壁爐旁。
王后們在那裡紡著深紫色紗線；
幫助他撒謊，
並巧妙的從巨人的洞窟與仙子白色臂膀中逃脫，
跟著他進入了辛梅里亞之夜*[2]，
經歷暴風雨和沉船，

*[1] 譯註：拉厄爾特斯（Laertes）是希臘神話英雄奧德賽的父親。

*[2] 譯註：辛梅里亞人第一次是在荷馬的史詩《奧德賽》中提及，作者相信他們住在遠不見天日的小島上，歷史中的辛梅里亞人曾經是幫助亞述王的遊牧民族，後來因不願離開領土而讓貴族自相殘殺身亡，其餘的人遷徙他處，有可能具有伊朗的血統。

與他一同承受說不出口的苦痛。

我嘆氣道：「復仇的海神波賽冬，
你的怒氣可畏，所以我也害怕
自己的返鄉之途。」

我正要開口，
大海掀起了泡沫，
白浪熱烈堆砌起來
神的面容，
以海藻為冠，
祂輕蔑的叫道：
「無須畏懼，我親愛的小詩人！」

「我一點也不想傷害你，
你這可憐的，
沒有什麼能撼動你那可憐的小聰明；
因為你，小詩人，從未激怒過我。
即使是聖城普里阿摩斯（Priam）最小的砲塔
也未曾動搖；
從吾兒波呂斐摩斯（Polyphemus）之眼看來
你甚至毫髮無損；
而智慧女神雅典娜
也從未在你身邊給予忠告。」

波賽冬大喊，
並潛回海裡，

聽完那粗俗水手的老笑話，
我聽到安菲特里忒（Amphitrite），
那粗鄙的漁婦兼海神涅柔斯（Nereus）之女，
在水底咯咯的笑。

坐下來十分鐘觀想許願者完全成功了。

然後熄滅蠟燭。

這個儀式第一次應該在週二完成。在週五重複，但之後要先點燃橙色蠟燭一和二。下一個週二再做一次儀式，點燃橙色蠟燭一、二和三。最後，在第二個週五，再做一次儀式，點燃所有的橙色蠟燭。這個儀式可以之後每週二和週五重複，都是要點燃所有的蠟燭，直到獲得完全的成功為止。

26

真理

了解真理

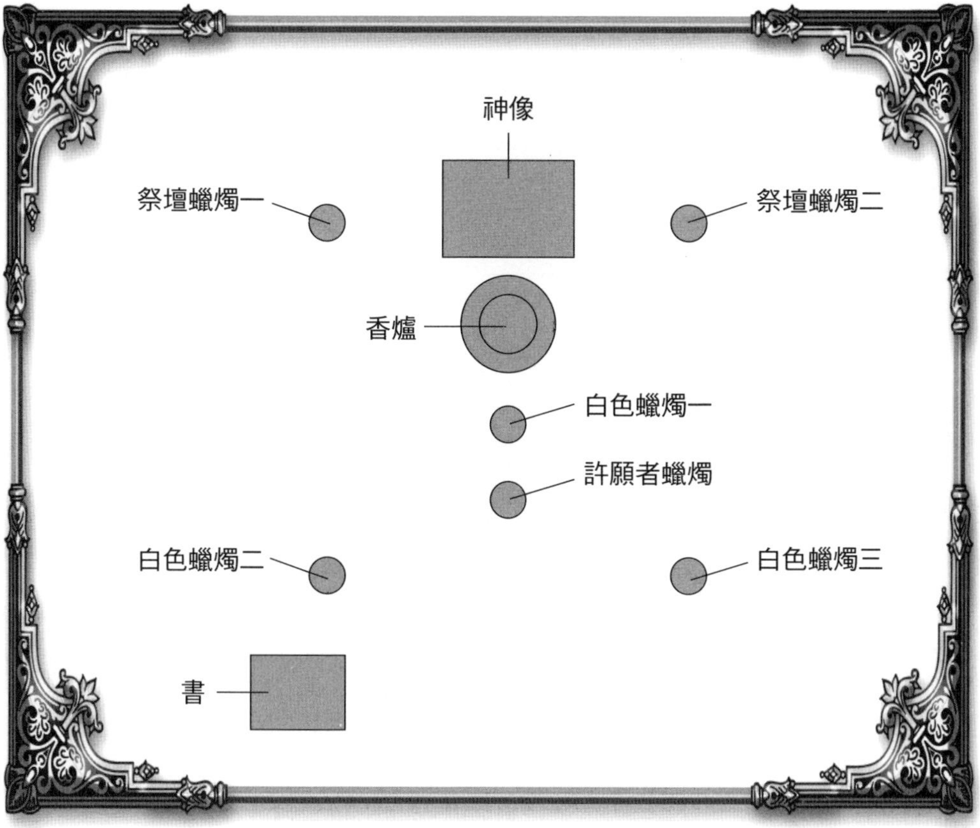
神像
祭壇蠟燭一
祭壇蠟燭二
香爐
白色蠟燭一
許願者蠟燭
白色蠟燭二
白色蠟燭三
書

了解真理

點燃祭壇蠟燭一和二。

點燃薰香。

認真想著你希望學習的真理。

點燃許願者蠟燭，想著許願者並說：

我點燃的這根蠟燭代表______（許願者名字），

蠟燭像她／他的靈魂般燃燒，她／他的一切都像這樣。

按照順序點燃白色蠟燭，說道：

這些是真相的標誌。

它們受＿＿＿（許願者名字）之託，
向她／他展現一切的真相。

然後說道：

當我在黑夜馳騁過棕色的荒地時，
在皎潔的月光下，看到一座美麗城堡；
領主與貴婦們，無論貴賤，
皆蜂擁而至，來到這個節慶；
青草在風中飛揚。

他們向我表示歡迎，而我恭敬不如從命，
盡情暢飲他們的美酒。

我和淑女們一起共舞、歡笑。
我一生也未曾有過這樣的歡快；
青草在風中飛揚。

忽然，傳來一聲叫喊：
唉呦喂呀！我睡著了。
一位淑女在我身邊起舞，
像隻蜥蜴靈活游梭，
青草在風中飛揚。

我在晨光中醒來，
躺在一片古老的廢墟中，
我越過岩石，在陽光底下，

我看見一隻金綠色的蜥蜴奔去！
青草在風中飛揚。
現在我明白真理與我同在，
因為我已經看到了我所知道的，
所有祕密知識都浮現在腦海裡，
忍受著另一種笑聲，
青草在風中飛揚*。

然後靜靜的坐半小時，在這個時候，關於該主題的真相會來到你身邊。
熄滅蠟燭。

---

* 譯註：這首晦澀難解的祈禱文當中，描述作者夢見的淑女其實不過是一隻蜥蜴，但是他以為那是一個盛大的歡宴，所以當他醒來時才得知真相，建議用歡快激昂的語調去吟誦禱文前，務必要先了解禱文的寓意，才能發揮功效。

27

跨越

跨越某人阻礙

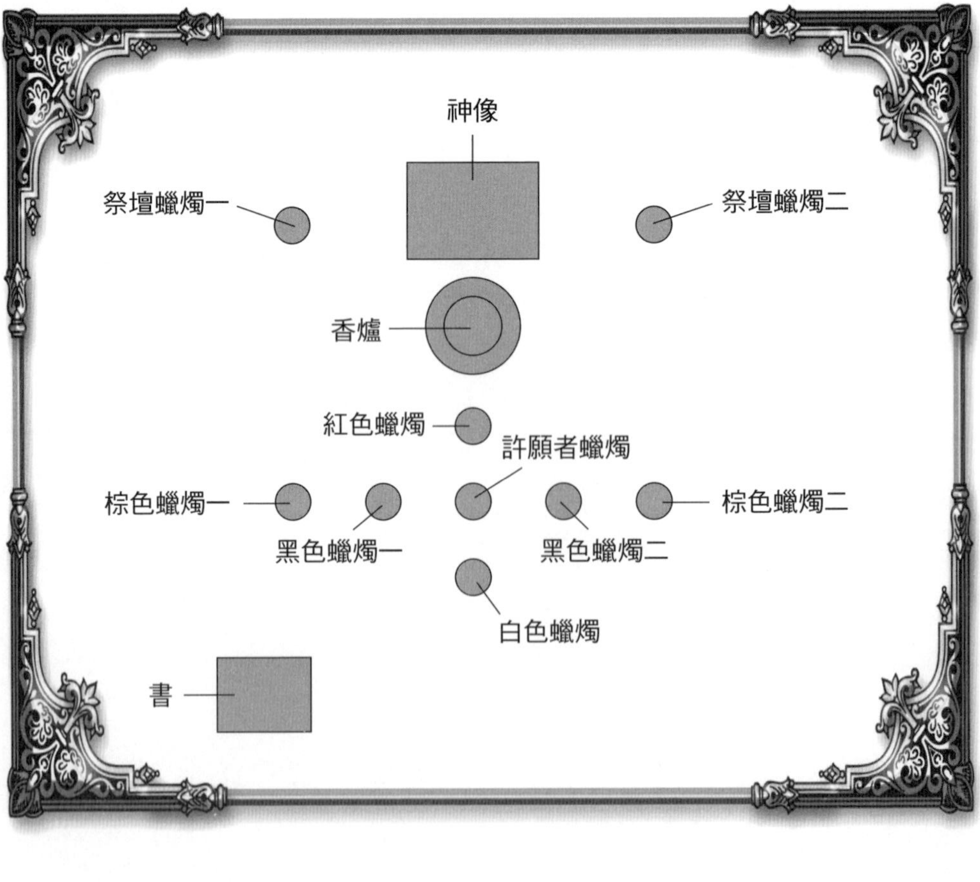

神像
祭壇蠟燭一
祭壇蠟燭二
香爐
紅色蠟燭
許願者蠟燭
棕色蠟燭一
棕色蠟燭二
黑色蠟燭一
黑色蠟燭二
白色蠟燭
書

跨越某人阻礙

點燃祭壇蠟燭一和二。

點燃薰香。

想著許願者的時候，點燃許願者蠟燭。說道：

這根蠟燭代表——（許願者名字），

承受著苦難。

儘管如此，他／她的靈魂像這火焰般燃燒，

很快就會解脫。

點燃紅色蠟燭並說：

那麼，這就是承受一切可能發生之事的力量；

順便彌補所有逝去的一切。

點燃白色蠟燭並說道：

而我們在這裡得到了淨化；

——（許願者名字）的淨化，

將再度降臨，直到永遠。

點燃黑色蠟燭一和二，並說道：

——（許願者名字）周遭的黑暗，

都被這兩根蠟燭隔絕屏障。

火焰熾然兇猛，已將黑暗吞沒。
當黑暗遠離他／她時，
黑暗亦遭驅散。

或者，如果你曉得阻礙許願者的人叫什麼名字，你可以說：

在這兩根蠟燭中找到我們的勇氣，
以及＿＿＿（阻礙者的名字）阻礙我們的意願。
當火焰熾然兇猛，他／她內在的黑暗也被火焰吞沒。
當蠟燭被移除，
他們內心的黑暗也被除去。

點燃棕色蠟燭一和二，並說：

這是搖擺不定的心意。
邪念的心靈不再有信心了。

如果你知道這個人的星座，可以使用星座蠟燭替代黑色蠟燭。

對目標不再確定又堅決，
帶著懷疑跟絕望走進這裡。

想像一下，許願者現在完全擺脫了他或她阻礙的情況。認真想像，並說道：

流洩出來吧！毒藥，
將你那陰險的手段顯現出來吧！
我的話，照我所說！

我就是自生而成的神！
來吧，奉關德溫女神的命令出來，
我是萊夫*[1]，醫治神的醫生，
從四肢流洩出去吧！
來吧，在阿蘭諾德*[2]的命令下，
看哪，我是萊夫，醫治神的醫生，
從四肢流洩出去吧！
來吧，聽新娘的吩咐，出來！

---

*[1] 譯註：萊夫（Leif）是死亡的療癒者，請參考作家布倫南（S. M. Brennan）的著作《黑魔法影子書：術士與黑魔法的魔導書》（*The Dark Book Of Shadows: A Grimoire of Sorcery and Dark Witchcraft*）。這是一本黑魔法書籍，布倫南的著作很少，本章節提到的特殊名詞可能專屬於他自己的巫術傳承，讀者常對於無法在其他典籍找到這些神靈名字而感到困擾，作者有可能直接引用布倫南的著作，鑒於以上神靈有可能為邪神，請讀者自行斟酌使用禱文。

*[2] 譯註：阿蘭諾德（Arranrod）是召喚死亡的力量之名，請參考以上的書籍。

看哪，我是萊夫，醫治神的醫生。
從四肢流洩出去吧！
來吧，奉阿斯塔蒂*[3]的命令出來，
看哪，我是萊夫，醫治神的醫生。
從四肢流洩出去吧！
來吧，奉迦南*[4]的命令出來，
看哪，我是萊夫，醫治神的醫生。
從四肢流洩出去吧！

當太陽升起，穿過世界之巔，
在諸國的每一個聖殿中，
執行這個儀式時、
在海水起起落落時。

在我們女神的吩咐之下，
時光之沙一遍又一遍的流逝，
轉啊轉的，那麼，就這樣吧！
你體內的毒素將被釋放出來，
從哪裡來，就回哪裡去。
返還給發送者。
獲得勇氣與邪惡的力量，
直到奉還給隱藏的折磨者，
它才開始以三倍效力反擊！
從今以後，如我所願。

---

*3 譯註：阿斯塔蒂（Astarte）是腓尼基人信奉的女神，掌管豐饒與愛情，同時跟死而復活有關。

*4 譯註：迦南（Gana）是神用的劍名，日前沒找到典籍進一步說明它真正的用途，跟相關之神的職掌事務。

熄滅黑色與棕色的蠟燭，然後靜坐五分鐘，讓新的力量跟勇氣，流入許願者的心靈跟身體。觀想許願者恢復活力；跨越障礙。在五分鐘後，熄滅剩下的蠟燭。

每三天重複一次，每次都要將兩支黑色蠟燭往外移開二・五公分左右，持續做到黑色蠟燭最後碰到了棕色蠟燭為止。

28

理解

發展判斷力

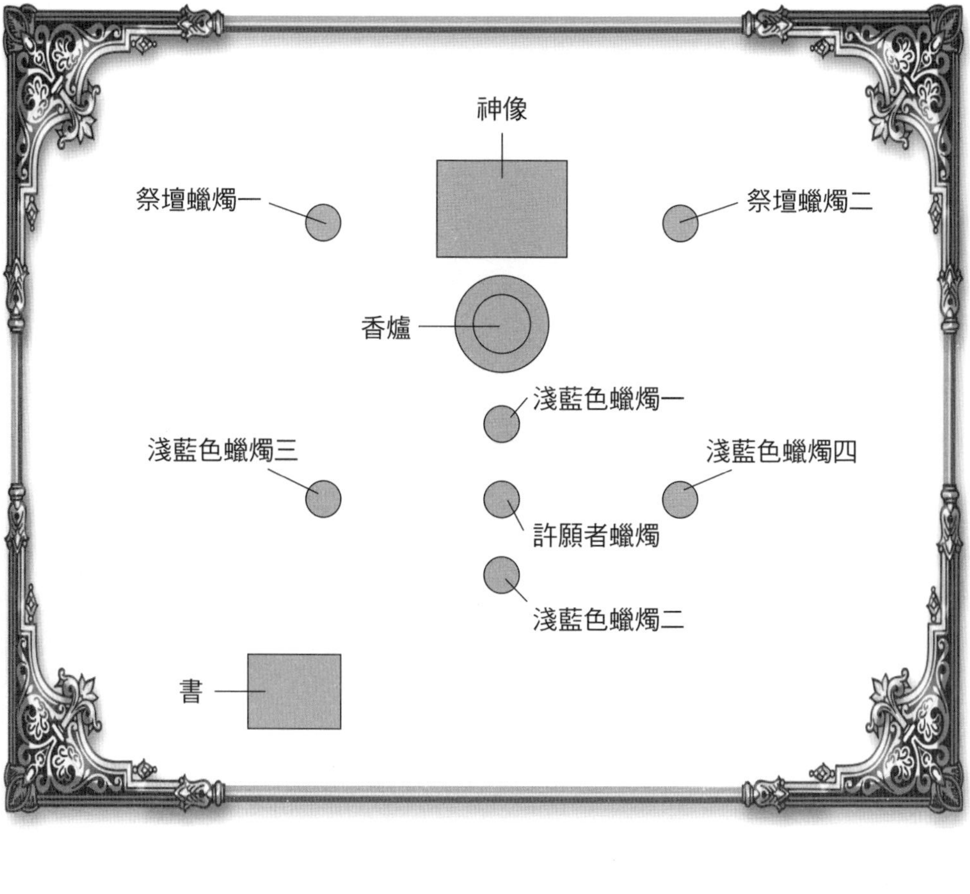
神像
祭壇蠟燭一
祭壇蠟燭二
香爐
淺藍色蠟燭一
淺藍色蠟燭三
淺藍色蠟燭四
許願者蠟燭
淺藍色蠟燭二
書

發展判斷力

點燃祭壇蠟燭一和二。

點燃線香，最好混合一點肉桂跟乳香。

點燃許願者蠟燭，集中你的意念在許願者身上。點燃淺藍色蠟燭一、二、三和四，一邊認真想著去理解別人的這個需求；理解他們的觀點，有同情心。

然後默默地說道：

他在老鷹的領空中翱翔，
雙眼在空中俯瞰；
無論是鼠輩或狡兔，
皆能感到厄運當頭。
牠們對彼此漠不關心，

然而一切的變化都無關緊要。

為了追上那頭母鹿，獵犬一擁而上，
稍縱即逝、快如閃電、又叫又跳。
但牠們能感覺死神的爪牙逼近，
這一天，咬住了牠們的腳後跟。
牠們對彼此漠不關心，
然而一切的變化都無關緊要。
羔羊只會輕易落入狼口，
不會因恐懼而掙扎；
但狼應該被捕食嗎？
羔羊終究會聽到狼嚎。
牠們對彼此漠不關心，

然而一切的轉變都無關緊要。

別讓我不加思索，
漠不關心、毫無感受、麻木不仁。
別讓我只瞥見一條
不歸路。
讓我接收我付出的一切，
判斷力就在我心中。

在熄滅蠟燭前，靜坐十分鐘。
連續七天晚上重複此儀式。

第二部

基督教儀式

1

斷情
解除愛情關係

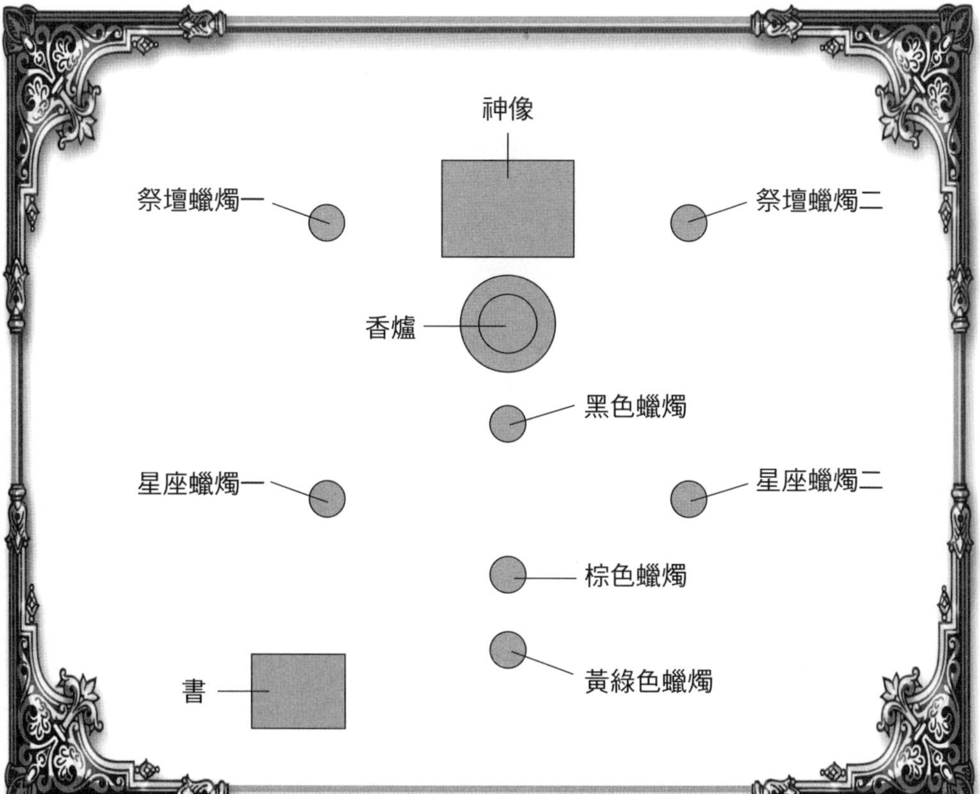
神像
祭壇蠟燭一
祭壇蠟燭二
香爐
黑色蠟燭
星座蠟燭一
星座蠟燭二
棕色蠟燭
黃綠色蠟燭
書

解除愛情關係

點燃祭壇蠟燭一和二。

點燃薰香。

點燃黑色蠟燭，想像這段要拆散的愛情關係。

點燃星座蠟燭一（愛情中的男方星座代表色），一邊觀想男方。

點燃星座蠟燭二（愛情中的女方星座代表色），一邊想著女方。

點燃棕色蠟燭，想著兩人的愛正在慢慢消逝，想著兩人之間的懷疑與緊張。

點燃黃綠色蠟燭，想像他們在生對方的氣，兩人嫉妒彼此、經常不合。

然後說道：

（《詩篇》第三章）

喔主啊，我的敵人何其多？

有許多人起來攻擊我。
有許多人議論我：「他得不到神的幫助。」
但祢耶和華是我四圍的盾牌，是我的榮耀，
又是叫我抬起頭來的，
我用我的聲音求告耶和華，
祂就從祂的聖山上應允我。
我躺下來睡覺，我醒著，
耶和華都保佑我。
雖有成萬的百姓來周圍攻擊我，
我也不怕。
耶和華呀，求祢起來，我的神啊，
求祢救我，因為祢打了我一切仇敵的腮骨，
敲碎了惡人的牙齒。

救恩屬乎耶和華，
願祢賜福給祢的子民，
直到永遠。

坐下來專注在拆散這段愛情關係，想著這兩人分道揚鑣。這樣集中精神大約十分鐘後，熄滅蠟燭。

每週六重複此儀式，每次都將兩根星座蠟燭分向左右移開二．五公分。持續移開，直到它們最後各在祭壇的邊緣。

2・護身

加持護身符或護符

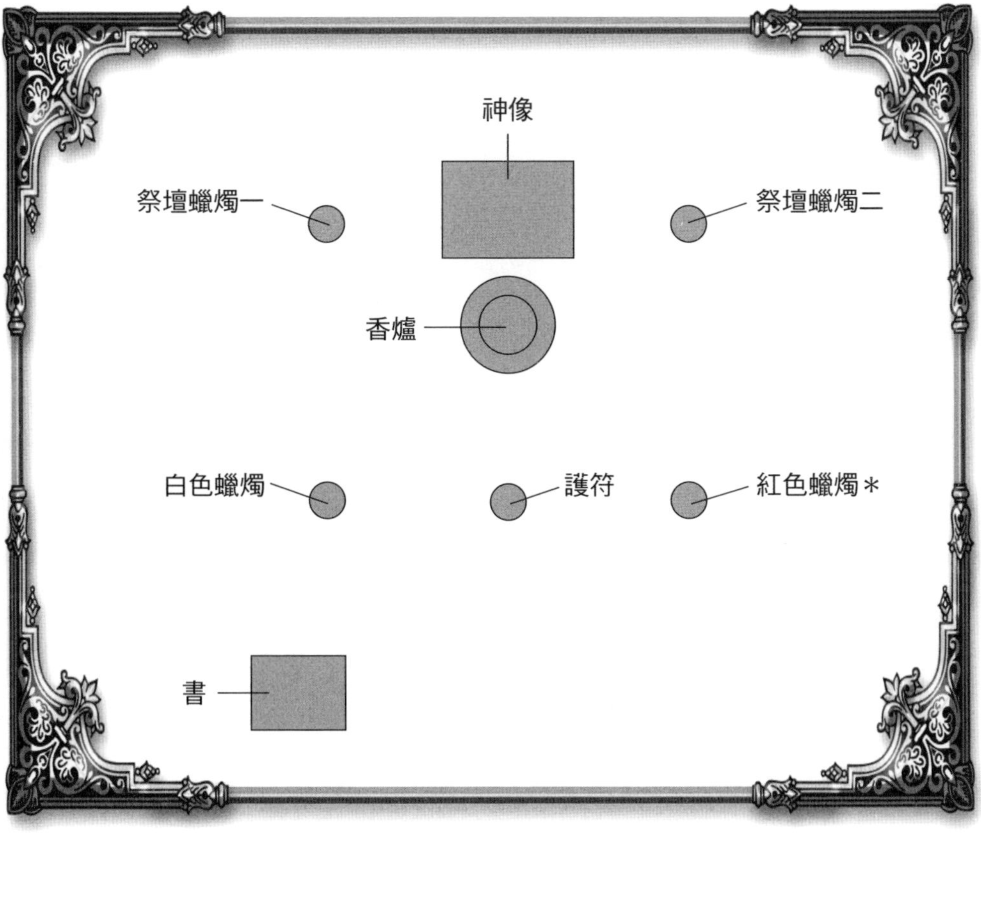

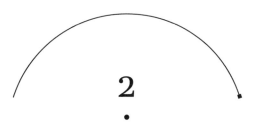

加持護身符或護符

這儀式是為了加持護身符（Amulet）、護符（Talisman）或是「幸運物」。護符可能是別人為你做的，也可能是你自己做的。後者更適合。

點燃祭壇蠟燭一和二。

點燃薰香（推薦乳香）。

點燃白色蠟燭，並說：

這裡燃燒著＿＿＿＿（許願者的名字）的真心，
他／她對護符力量的信念燃燒著，
像這火焰般強烈，
永不熄滅。

點燃紅色蠟燭*並說：

這份愛進入護符當中。

因為護符是倉庫，

能儲存愛的力量。

拿起護符，握在邊緣處，在白色蠟燭上過火繞圈三次，再反過來，讓護符的兩邊都能接觸到火焰（別燒到你的手指）。說道：

我以火焰淨化這護符，以及裡面的一切雜質。

* 註：這根蠟燭的顏色與用途，將取決於護符的用途（即：紅色代表愛情、藍色代表健康、綠色代表豐饒等等）。

現在讓它過香爐三次，說道：

我請上帝淨化這護符，為我的目的做準備。

現在拿著護符，牢牢的握在你的右手（如果你慣用左手就用左手），並且說道：

我以愛灌注這個護符，
無論誰戴上它都會感覺到強大的力量，
配戴者將永遠擁有這種力量，
只要他／她配戴著。

現在將護符放在紅色蠟燭上方過火三次。說道：

這就是那份愛，滿溢著加持的力量。

把護符放在白色與紅色蠟燭中間，熄滅燭火。

讓護符放在原位三小時不動，然後讓主人攜帶或配戴之，最好是貼近皮膚配戴。

3．戒除
克服惡習

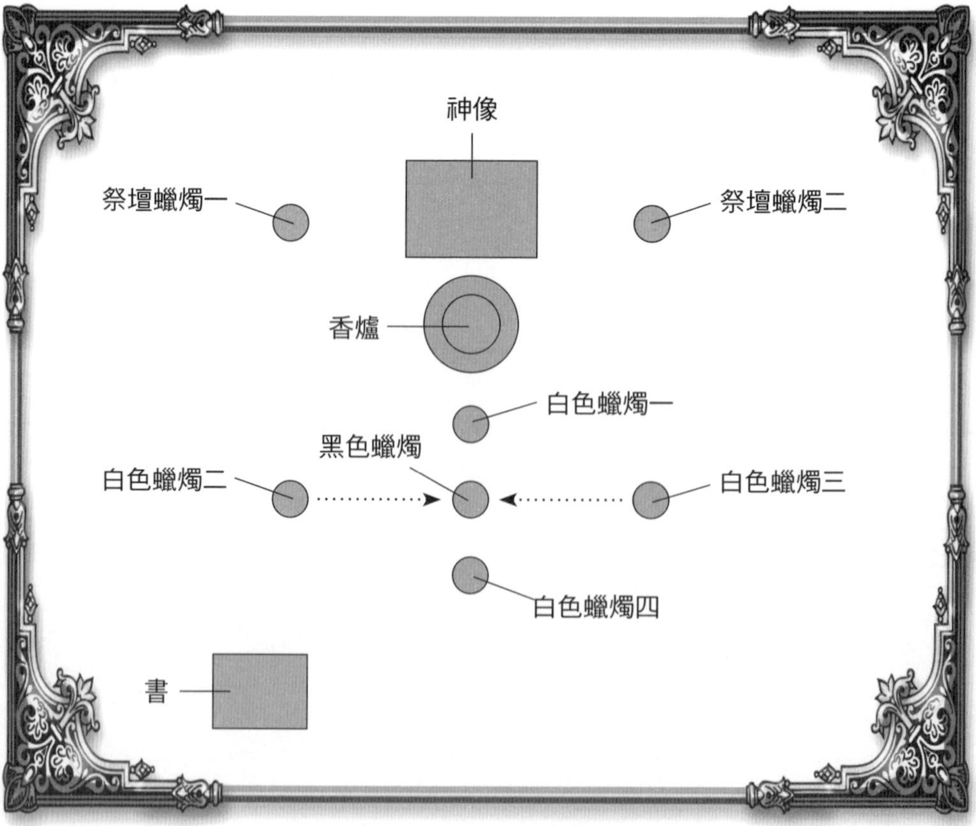
神像
祭壇蠟燭一
祭壇蠟燭二
香爐
白色蠟燭一
黑色蠟燭
白色蠟燭二
白色蠟燭三
白色蠟燭四
書

克服惡習

點燃祭壇蠟燭一和二。

點燃薰香。

點燃黑色蠟燭，並且想著要去克服惡習。

點燃白色蠟燭一、二、三和四，想像惡習消失，最後被打敗。說道：

（《詩篇》第二十六章）

耶和華啊，
求祢為我伸冤，
因我向來行事周全，
我又倚靠耶和華並不搖動。
耶和華啊，求祢察看我、試驗我、熬煉我的肺腑心腸。

因祢的慈愛常在我眼前，
我也按祢的真理而行。
我沒有和虛謊人同坐，
也不與偽善者同群，
我憎恨惡人聚會，
必不與惡人同坐。
耶和華啊，我要洗手表明無辜，
才環繞祢的祭壇。
我好發稱謝的聲音，
也要述說祢奇妙的作為，
耶和華啊，我喜愛祢所住的殿，
和祢顯榮耀的居所。
不要把我的靈魂和罪人一同除去，

不要把我的性命和流人血的一同除掉。
他們的手中有奸惡，
右手滿有賄賂。
至於我，卻要行事純全，
求祢救贖我、憐憫我。
我的腳站在平坦地方，
在眾會中我要稱頌耶和華。

靜坐十五分鐘，然後熄滅蠟燭，先從黑色蠟燭開始熄滅。

每週同一時間重複此儀式，每次將白色蠟燭二與三朝黑色蠟燭移動幾公分。每週一次，持續到白色蠟燭觸及黑色蠟燭為止。

4

家庭

解決家中紛亂狀況

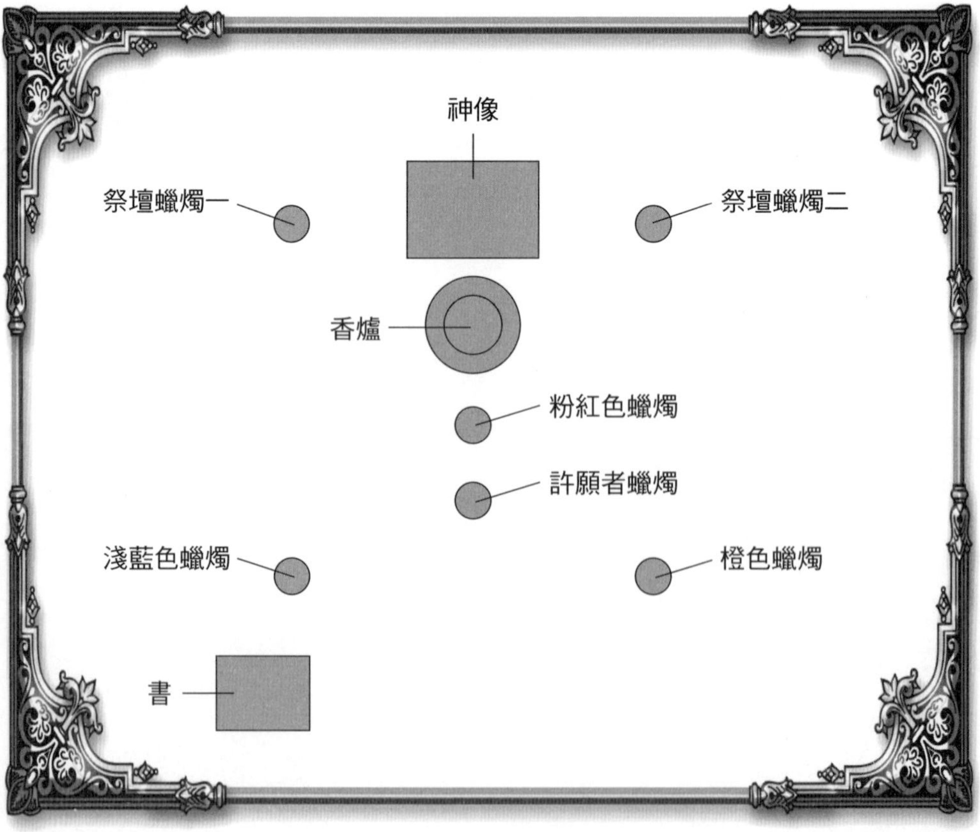

解決家中紛亂狀況

點燃祭壇蠟燭一和二。

點燃薰香。

冥想你要完成的事情。

點燃許願者蠟燭，用心想著許願者。

點燃淺藍色蠟燭、粉紅色蠟燭和橙色蠟燭，按照這樣的順序，想著家中的和平與安寧。

冥想片刻，然後說：

（《詩篇》第一章）

不從惡人的計謀，

不站罪人的道路，

不坐褻慢人的座位，
惟喜愛耶和華的律法，
晝夜思想，
這人便為有福。
他要像一棵樹栽在溪水旁，按時間結果子，葉子也不枯乾；
凡他所做的，盡都順利。
惡人並不是這樣，乃像糠皮被風吹散。
因此當審判的時候，惡人必站立不住。
罪人在義人的會中，也是如此。
因為耶和華知道義人的道路，
惡人的道路，卻必滅亡。

讓蠟燭燃燒十五分鐘，在此期間，反覆讀誦以上的《詩篇》，在結束時可以熄滅燭火。

此儀式應該連續重複三個晚上。

5

往生

為往生者做儀式

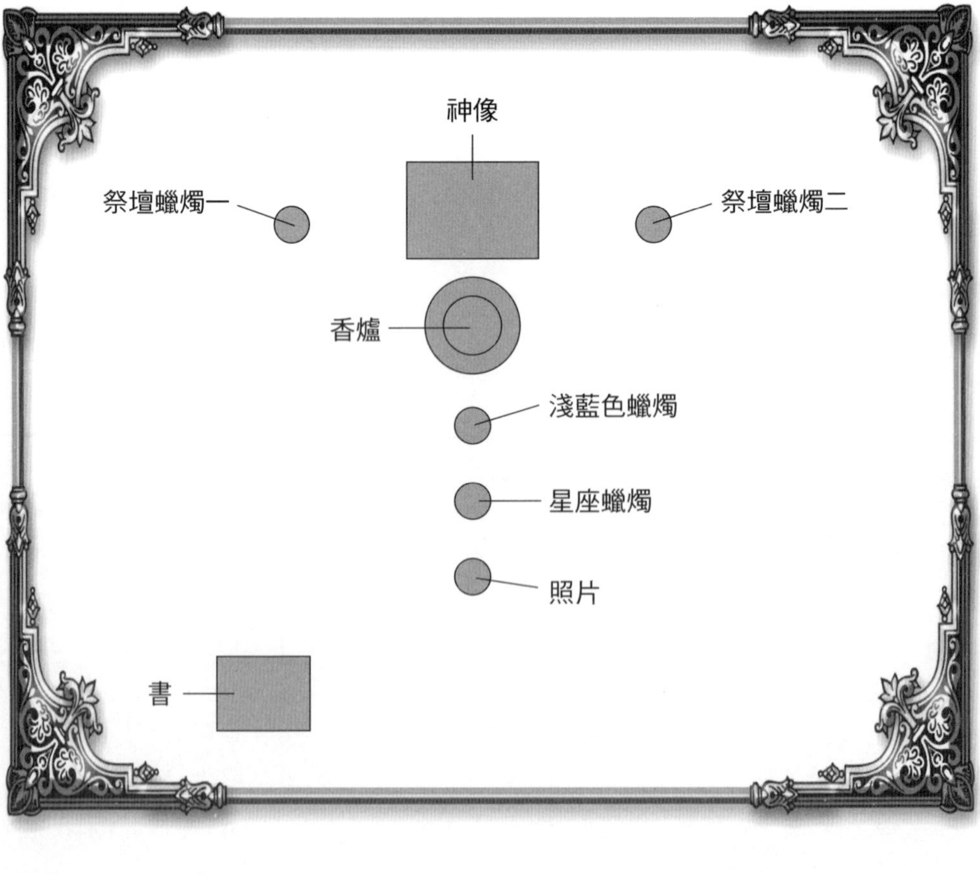

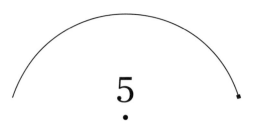

為往生者做儀式

（註：在此儀式中，往生者的照片可以置於他或她的星座蠟燭前。）

點燃祭壇蠟燭一和二。

點燃薰香。

點燃往生者的星座蠟燭，並在你的腦海中描繪他或她，以你記憶中最好的模樣出現。點燃淺藍色蠟燭，想著平靜與安寧。說道：

（《雅歌》第二章）

我是沙崙的玫瑰花，
是谷中的百合花。
我的佳偶在女子中，
好像百合花在荊棘內。

我的良人在男子中，如同蘋果樹在樹林中。
我歡歡喜喜坐在他的蔭下，
嚐他果子的滋味覺得甘甜。
他帶我入筵宴所，
以愛為旗在我以上。
他的左手在我頭下，
他的右手將我抱住。
耶路撒冷的眾女子啊，
我指著羚羊，或田野的母雞，囑咐你們，
不要驚動、不要叫醒我所親愛的，等他自己情願。
聽啊，是我良人的聲音，
他穿山越嶺而來。
我的良人好像羚羊，或像小鹿，

他站在我們牆壁後，
從窗戶往裡觀看，
從窗櫺往裡窺探。
我的良人對我說，
我的佳偶、我的美人，
起來，與我同去。
因為冬天以往，雨水止住過去了。
地上百花開放，
百鳥鳴叫的時候已經來到，
斑鳩的聲音在我們境內也聽到了，
無花果樹的果子漸漸成熟，
葡萄樹，開花放香，
我的佳偶、我的美人，起來，與我同去。

我的鴿子啊，你在磐石穴中，
在陡巖的隱密處，
求你容我得見你的面貌，得聽你的聲音；
因為你的聲音柔和，你的面貌秀美。
要給我們擒拿狐狸，就是毀壞葡萄園的小狐狸；
因為我們的葡萄正在開花。
良人屬我、我也屬他，
他在百合花中牧放群羊。
我的良人哪，求你等到天起涼風、日影飛去的時候，
你要轉回，好像羚羊，或像小鹿在比特山上。

讓蠟燭燃燒半小時再熄滅。每天晚上重複這個過程至少九個晚上，如果想要的話，可以延長時間。

可能要用非常大尺寸、可長時間燃燒的蠟燭，用在這個儀式當中的星座蠟燭跟淺藍色蠟燭上。

6

美夢
創造夢境

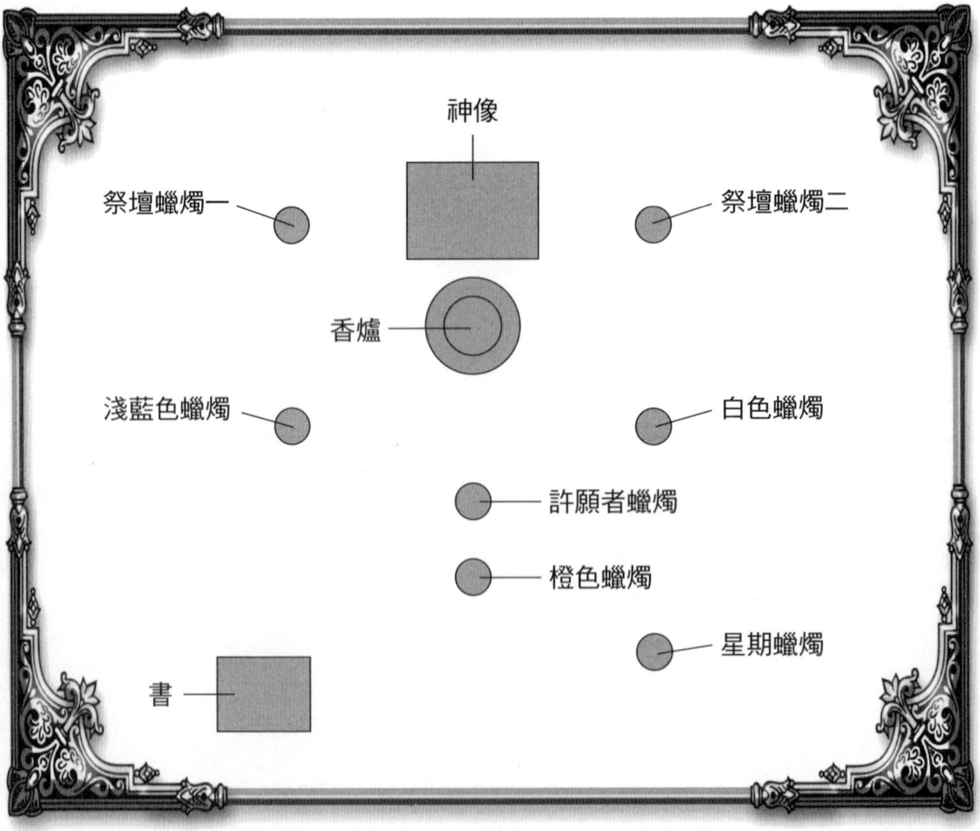
神像
祭壇蠟燭一
祭壇蠟燭二
香爐
淺藍色蠟燭
白色蠟燭
許願者蠟燭
橙色蠟燭
星期蠟燭
書

創造夢境

點燃祭壇蠟燭一和二。

點燃薰香。

點燃許願者蠟燭，想著許願者。

點燃淺藍色蠟燭，想著平靜與安寧。

點燃橙色蠟燭，想著你希望夢到的一切。

點燃白色蠟燭，想著你夢中的真相。說道：

（《詩篇》第十一章）

我是投靠耶和華，

你們怎麼對我說：「你當像鳥飛往你的山去。」

看哪，惡人彎弓，
把箭搭在弦上，
要在暗中射那心裡正直的人。
根基若毀壞，
義人還能做什麼呢？

耶和華在祂的聖殿裡，
耶和華的寶座在天上，
祂的慧眼察看世人。
耶和華試驗義人，
唯有惡人和喜愛強暴的人，
祂心裡恨惡。

祂要向惡人密布網羅，
有烈火、硫磺、熱風做他們杯中的份。
因為耶和華是公義的，
祂喜愛正義，
正直人必得見祂的面。

在熄滅蠟燭之前，安靜的坐幾分鐘。這個儀式應該在晚上，當你需要做自己渴望的夢境時，於睡前進行。

7

制伏
讓你的敵人承受壓力

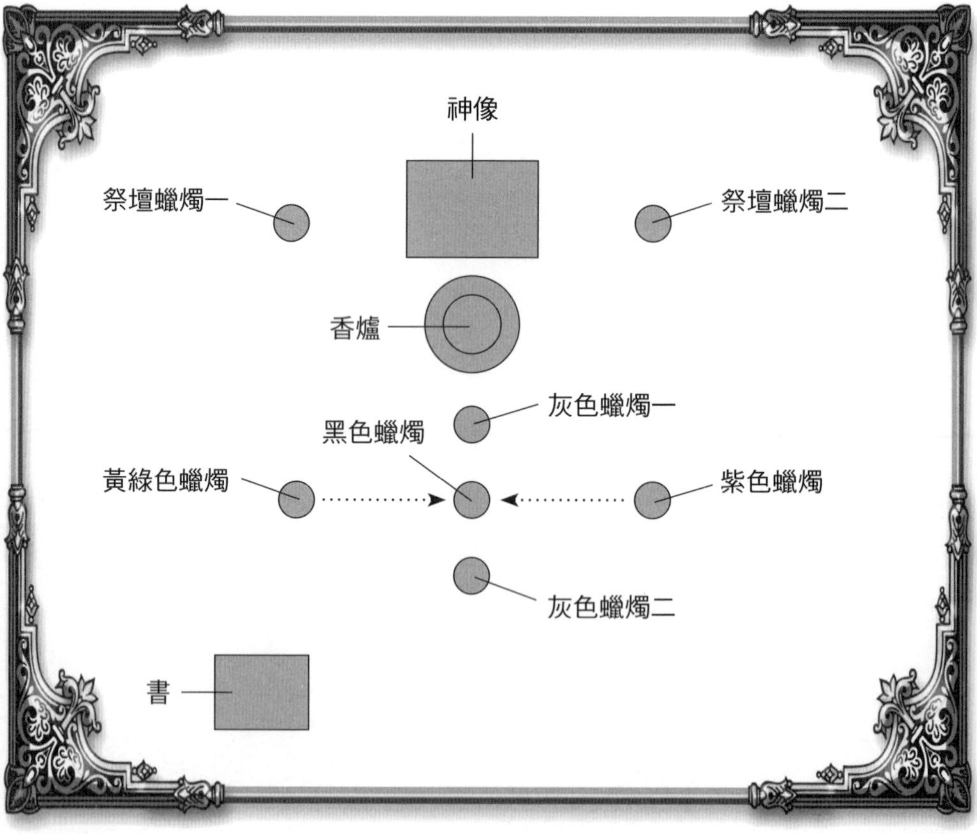

讓你的敵人承受壓力

點燃祭壇蠟燭一和二。

點燃薰香。

點燃黑色蠟燭，想著你的敵人。

點燃灰色蠟燭一和二，想著挫折，陷於僵局。

點燃黃綠色蠟燭，想著憤怒、失序、疾病與恐懼。

點燃紫色蠟燭，想著緊綳、焦慮。

想像一下，你的敵人感到完全的孤單、對他／她自己沒有自信，既緊張又害怕。然後說：

（《詩篇》第七十章）

神啊，求祢快快搭救我！

耶和華啊，求祢速速幫助我！
願那些尋索我命的，
抱愧蒙羞；
願那些喜悅我遭害的，
退後受辱。
願那些對我說「啊哈、啊哈」的人，
因羞愧退後。
願一切尋求祢的，
因祢高興歡喜；
願那些喜愛祢救恩的，
常說：「當尊神為大。」
但我是困苦窮乏的。
神啊，求祢速速到我這裡來！

祢是幫助我的、搭救我的。
耶和華啊，求祢不要耽延。

吹熄黑色蠟燭。
坐一會兒，想像你的敵人困惑了。
然後重新點燃蠟燭，並說道：

神啊，求祢快快搭救我！
耶和華啊，求祢速速幫助我！
願那些尋索我命的，
抱愧蒙羞；
願那些喜悅我遭害的，
退後受辱。
願那些對我說「啊哈、啊哈」的人，

因羞愧退後。
願一切尋求祢的，
因祢高興歡喜；
願那些喜愛祢救恩的，
常說：「當尊神為大。」
但我是困苦窮乏的。
神啊，求祢速速到我這裡來！
祢是幫助我的、搭救我的。
耶和華啊，求祢不要耽延。

再次坐著，想像你的敵人被澈底弄糊塗了。

第二天晚上重複這一個步驟，把黃綠色蠟燭和紫色蠟燭往中間移五公分的位置。每天晚上重複，直到它們碰觸彼此為止。

8

除惡
抵禦邪惡

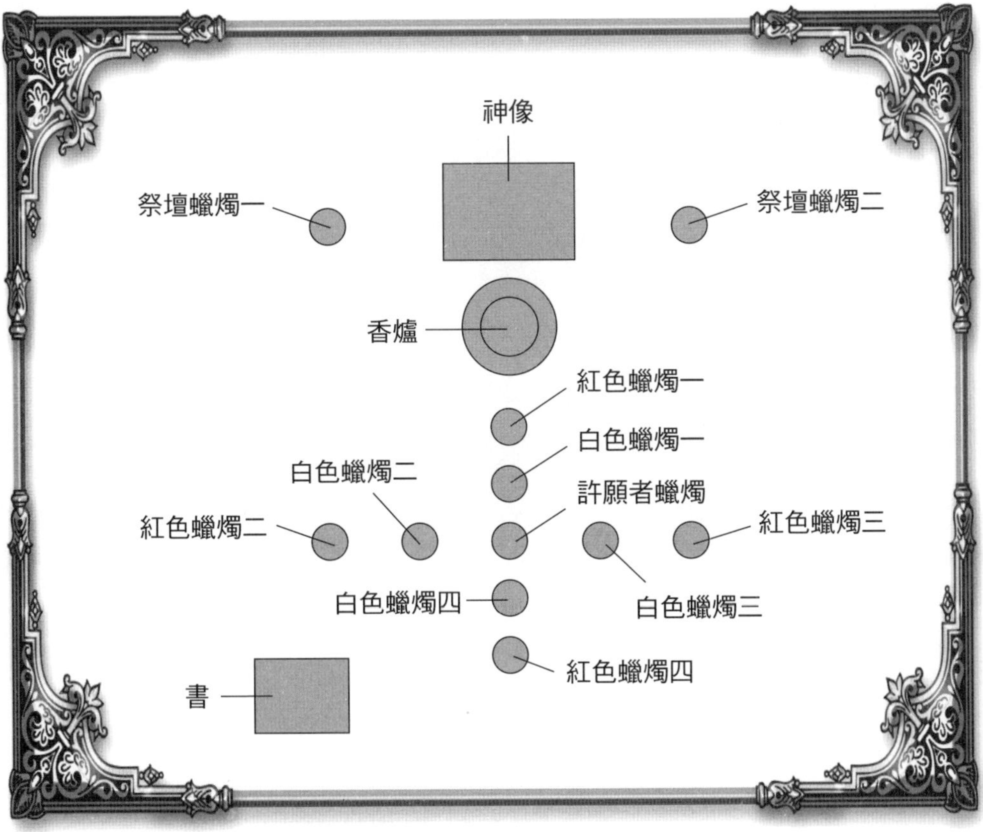
神像
祭壇蠟燭一
祭壇蠟燭二
香爐
紅色蠟燭一
白色蠟燭一
白色蠟燭二
許願者蠟燭
紅色蠟燭二
紅色蠟燭三
白色蠟燭四
白色蠟燭三
紅色蠟燭四
書

抵禦邪惡

幫一個人「跨越障礙」

點燃祭壇蠟燭一和二。

點燃薰香（最好是乳香）。

點燃白色蠟燭一、二、三和四，心裡想著純潔與真理。

點燃紅色蠟燭一、二、三和四，想著有力量能戰勝邪惡、獲得健康跟權力。然後說：

（《詩篇》第九十三章）

耶和華作王！
祂以威嚴為衣穿上；
耶和華以能力為衣，

以能力束腰，
世界就堅定，
不得動搖。
祢的寶座從太初立定，
祢從亙古就有。
耶和華啊，大水揚起，
大水發聲，
波浪澎湃。
耶和華在高處大有能力，
勝過諸水的聲響，
洋海的大浪。
耶和華啊，
祢的法度最真確；

祢的殿永稱為聖，
是合宜的。

讓蠟燭一直燃燒到熄滅為止。

9・勇氣

戰勝恐懼

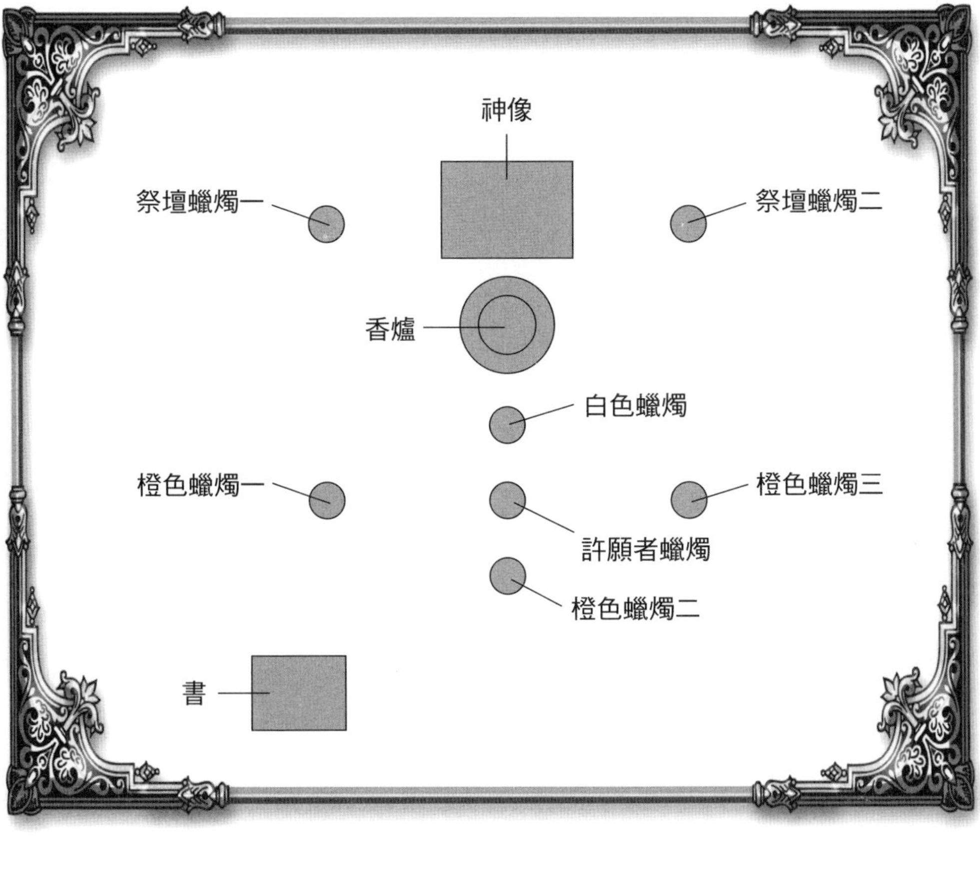

神像
祭壇蠟燭一
祭壇蠟燭二
香爐
白色蠟燭
橙色蠟燭一
橙色蠟燭三
許願者蠟燭
橙色蠟燭二
書

戰勝恐懼

點燃祭壇蠟燭一和二。

點燃薰香。

集中注意力想著戰勝恐懼。

在觀想許願者的時候，點燃許願者蠟燭。

點燃白色蠟燭，同時想著力量跟純潔。

點燃橙色蠟燭一、二和三，同時想著自信、戰勝恐懼的能力，以及品格的力量。

冥想片刻，然後說道：

（《詩篇》第三十一章）

耶和華啊，我投靠祢，

求祢使我永不羞愧；
憑祢的公義搭救我。
求祢側耳而聽，
快快救我，
作我堅固的磐石，
拯救我的保障。
因為你是我的岩石，
我的山寨，
所以求祢為祢名的緣故
引導我、指點我。
求祢救我脫離人為我暗設的網羅，
因為祢是我的保障。
我將我的靈魂交在祢手裡，

耶和華誠實的神啊，
祢救贖了我。
我恨惡那信奉虛無之神的人，
我卻依靠耶和華。
我要為祢的慈愛高興歡喜，
因為祢見過我的困苦，
知道我心中的艱難。
祢未曾把我交在仇敵手裡，
祢使我的腳站在寬闊之處。
耶和華啊，求祢憐憫我，
因為我在急難之中，
我的眼睛因憂愁而乾癟，
連我的身心也不安舒。

我的生命為愁苦所消耗，
我的年歲為嘆息所曠廢，
我的力量因我的罪孽衰敗，
我的骨頭也枯乾。
我因一切敵人成了羞辱，在我的鄰舍跟前更甚，
那認識我的都懼怕我，
在外頭看見我的都躲避我。
我被人忘記，
如同死人，
無人紀念，我好像破碎的器皿。
我聽見許多人的讒謗，
四圍都是驚嚇。
他們一同商議攻擊我的時候，就圖謀要害我的性命。

耶和華啊，我仍舊倚靠祢。
我說，祢是我的神。
我終身的事在祢手中，
求祢救我脫離仇敵的手
和那些逼迫我的人，
求祢使祢的臉光照僕人，
憑祢的慈愛拯救我。
耶和華啊，求祢叫我不致羞愧，
因為我曾呼籲祢；
求祢使惡人羞愧，
使他們在陰間緘默無聲。
那撒謊的人逞驕傲輕慢，
出狂言的話攻擊義人，

願他的嘴啞而無言。
敬畏祢、投靠祢的人，
祢為他們所積存的，
在世人面前所施行的恩惠是何等大！
祢必把他們藏在你面前的隱密處，
免得遇見人的計謀，
祢必暗暗的保守他們在亭子裡，
免受口舌的爭鬧。
耶和華是應當稱頌的，
因為祂在堅固城裡向我
施展奇妙的慈愛。

至於我，

我曾急促的說：
我從祢的眼前被隔絕。
然而，我呼求祢的時候，祢仍聽我懇求的聲音。
耶和華的聖民啊，你們都要愛祂！
耶和華保護誠實人，
足足報應行事驕傲的人。
凡仰望耶和華的人，
你們都要壯膽，
堅固你們的心。

坐著冥想五分鐘，然後熄滅燭火。
每天晚上重複儀式，持續九天晚上。

10

幸福

贏取或保有幸福

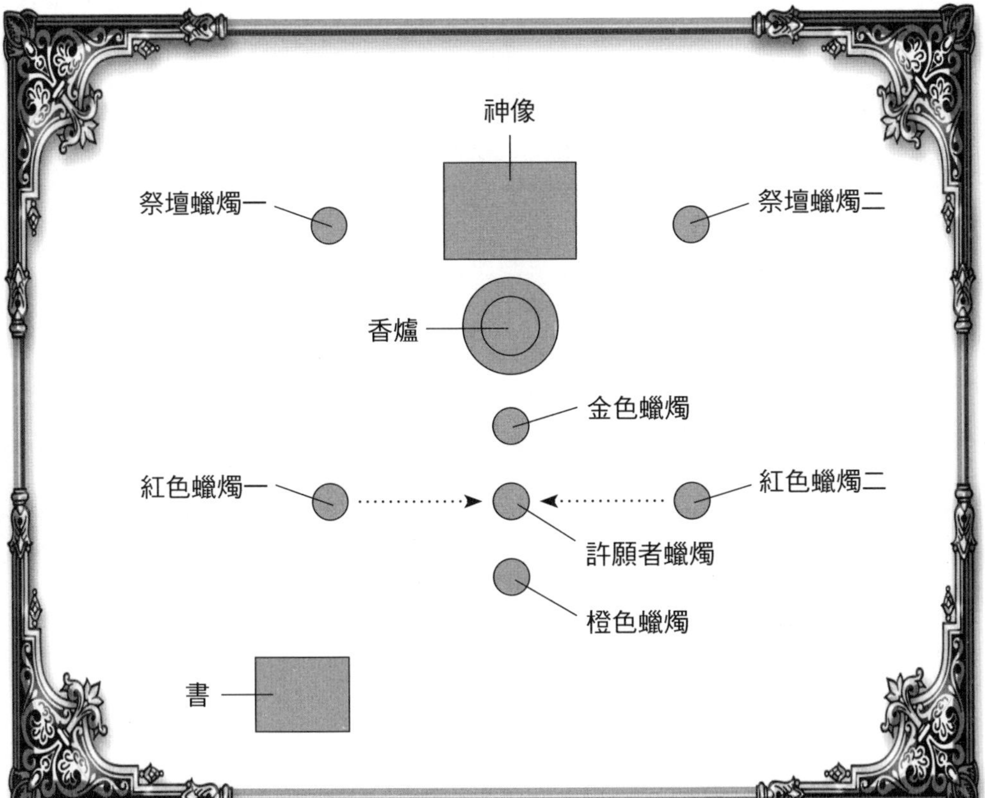

贏取或保有幸福

點燃祭壇蠟燭一和二。

點燃薰香。

點燃許願者蠟燭，觀想許願者。

點燃金色蠟燭和橙色蠟燭，想像許願者吸引幸福到自己身上。點燃紅色蠟燭一和二，觀想許願者渴望並應得的一切幸福。

想像所有的喜樂都流進許願者身上。然後說：

（《詩篇》第十一章）

我是投靠耶和華，

你們怎麼對我說：

你當像鳥飛往你的山去？

看哪，惡人彎弓，
把箭搭在弦上，
要在暗中射那心裡正直的人。
根基若毀壞，
義人還能做什麼呢？

耶和華在祂的聖殿裡，
耶和華的寶座在天上，
祂的慧眼察看世人。
耶和華試驗義人，
惟有惡人和喜愛強暴的人，
祂心裡恨惡。
祂要向惡人密布網羅，

有烈火、硫磺、熱風
作他們杯中的份。

因為耶和華是公義的，
祂喜愛公義，
正直人必得見祂的面。

坐下來十五分鐘，想想許願者的幸福。然後熄滅蠟燭，連續幾天晚上重複此儀式，每次都把紅色蠟燭移向許願者蠟燭五公分，一直持續到兩根紅色蠟燭實際上都碰觸了許願者蠟燭為止。

11

婚姻美滿

療癒不快樂的婚姻

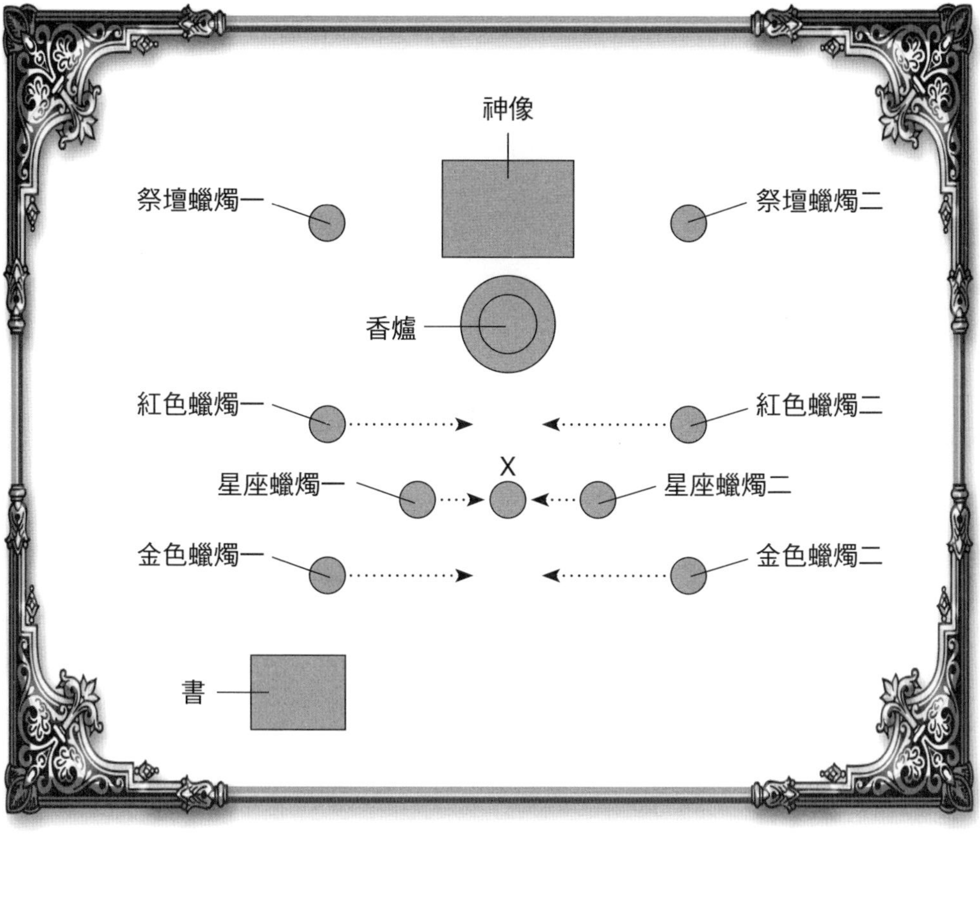

療癒不快樂的婚姻

點燃祭壇蠟燭一和二。

點燃薰香。

冥想你要實現的願望。

在想到丈夫的時候，點燃星座蠟燭一、紅色蠟燭一、金色蠟燭一。

在想到妻子的時候，點燃星座蠟燭二、紅色蠟燭二、金色蠟燭二。

（《雅歌》第三章）

我夜間躺臥在床上，尋找我心所愛的；

我尋找他，卻尋不見。

我說：我要起來，游行城中、在街市上，

在寬闊處，尋找我心所愛的，

我尋找他，卻尋不見。
城中巡邏看守的人遇見我，
我問他們：「你們看見我心所愛的沒有？」
我剛離開他們，
就遇見我心所愛的。
我拉住他，不容他走，
領他入我母家，
到懷我者的內室，
耶路撒冷的眾女子啊，
我指著羚羊或田野的母鹿囑咐你們，
不要驚動，不要叫醒我所親愛的，等他自己情願。
那從曠野上來，
形狀如柱，以沒藥和乳香，

被商人各樣香粉薰的是誰呢？
看哪，是所羅門的轎，
四圍有六個勇士，
都是以色列中的勇士；
手都持刀，善於爭戰，
腰間配刀，
防備夜裡有驚慌。
所羅門王用黎巴嫩木
為他自己製造一乘華轎，

轎柱是用銀做的，
轎底是金做的，坐墊是紫色的，
其中所鋪的乃是

耶路撒冷眾女子的愛情。
錫安的眾女子啊，
你們出去觀看所羅門王，
頭戴冠冕，
就是在他婚筵的日子、心中喜樂的時候，
他母親給他戴上的。

連續九天，每隔一天重複此儀式，每次都把兩組蠟燭移動靠近彼此二・五公分。

12

健康

保持（或恢復）健康

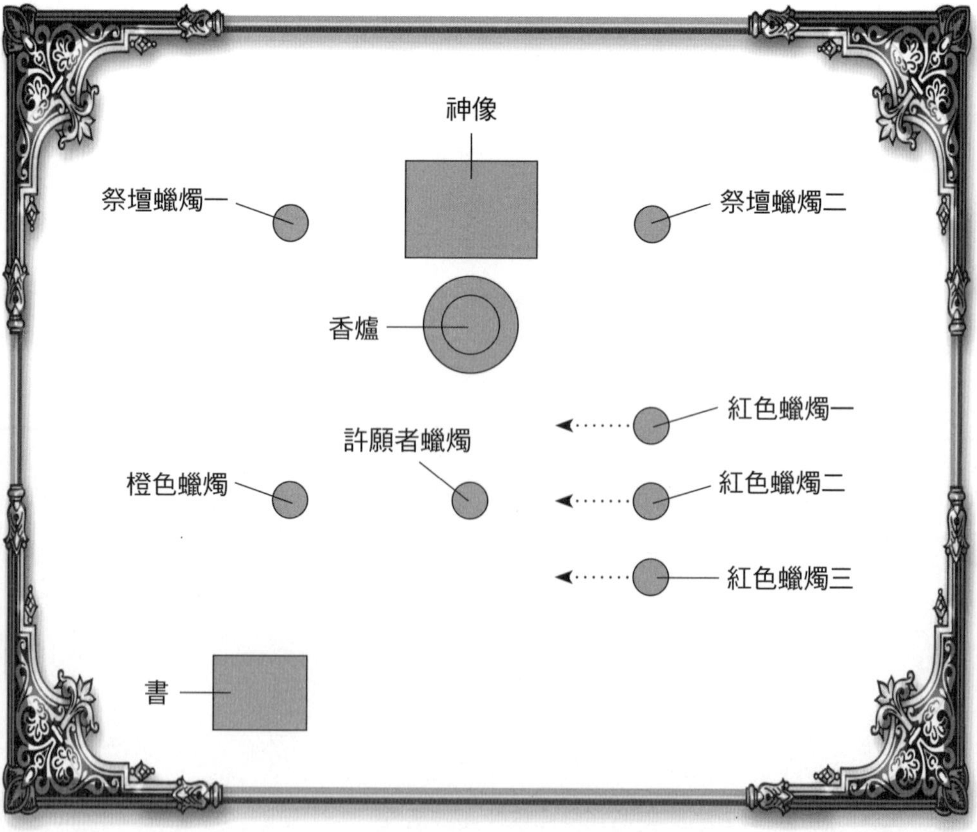

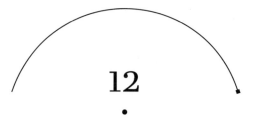

保持（或恢復）健康

點燃祭壇蠟燭一和二。

點燃薰香。

點燃許願者蠟燭，觀想許願者。

點燃橙色蠟燭，想像著鼓勵跟吸引力。

點燃紅色蠟燭一、二和三，想著力量跟健康。

當你說話的時候，觀想所有的力量跟健康都流入了許願者身上：

（《詩篇》第二十三章）

耶和華是我的牧者，

我必不致缺乏。

祂使我躺臥在青草地上，

領我在可安歇的水邊。
祂使我的靈魂甦醒，
為自己的名引導我走義路。
我雖然行過死蔭的幽谷，
也不怕遭害，
因為你與我同在；
你的杖，
你的竿，都安慰我。
在我敵人面前，
祢為我擺設筵席；
祢用油膏了我的頭，
使我的福杯滿溢。
我一生一世

必有恩惠慈愛隨著我，
我且要住在耶和華的殿中，
直到永遠。

安靜的坐著想像請願者有了美妙的健康，並且樂在其中。這樣坐上十到十五分鐘，然後熄滅蠟燭。每週五晚上重複這個儀式。

連續七個週五，每一次移動三根紅色蠟燭靠近許願者蠟燭一點點。在第七個週五讓紅色蠟燭碰到許願者的蠟燭。

13

嫉妒
招引嫉妒

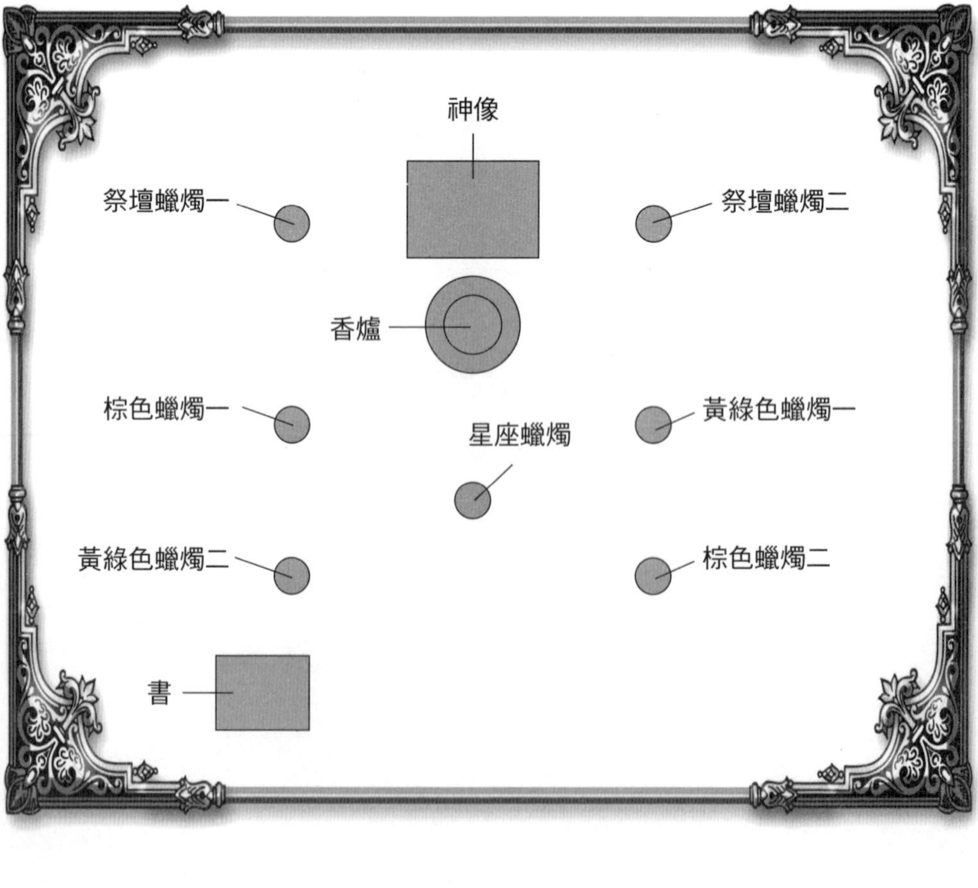

神像
祭壇蠟燭一
祭壇蠟燭二
香爐
棕色蠟燭一
黃綠色蠟燭一
星座蠟燭
黃綠色蠟燭二
棕色蠟燭二
書

招引嫉妒

點燃祭壇蠟燭一和二。

點燃薰香。

點燃希望招引嫉妒的人對應的星座蠟燭。專注的想著他或她。點燃棕色蠟燭一和二，想著不確定、猶豫的感覺。

點燃黃綠色蠟燭一和二，想著疾病、嫉妒和失序的感覺。然後說道：

神啊，祢是我的神，我要切切地尋求祢，
在乾旱疲乏無水之地，
我渴想祢，
我的心切慕祢。

（《詩篇》第六十三章）

我在聖所中曾如此瞻仰祢，
為要見祢的能力和祢的榮耀。
因祢的慈愛比生命更好，
我的嘴唇要頌讚祢。
我還活的時候要這樣稱頌祢，
我要奉祢的名舉手。
我在床上記念祢，
在夜更的時候思想祢，
我的心就像飽足了骨髓肥油，
我也要以歡樂的嘴唇讚美祢。
因為祢曾幫助我，
我就在祢翅膀的蔭下歡呼。
我心緊緊的跟隨祢，

祢的右手扶持我。
但那些尋索要滅我命的人，
必往地底下去。
他們必被刀劍所殺，
被野狗所吃。
但是王必因神歡喜，
凡指著他發誓的，
必要誇口；
因為
說謊之人的口必被塞住。

熄滅蠟燭。
連續三週的每週一和週六舉行此儀式。

14
戀愛
贏得愛情

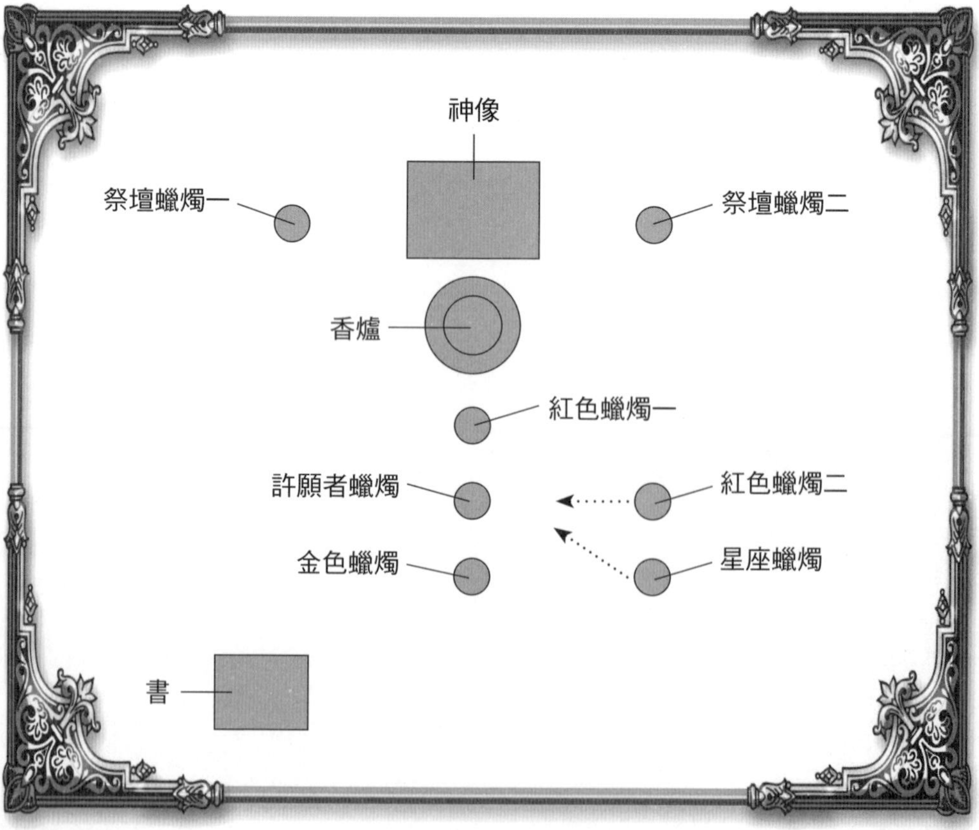

神像
祭壇蠟燭一
祭壇蠟燭二
香爐
紅色蠟燭一
許願者蠟燭
紅色蠟燭二
金色蠟燭
星座蠟燭
書

贏得愛情

點燃祭壇蠟燭一和二。

點燃薰香。

冥想。

點燃許願者蠟燭，觀想他或她。

點燃紅色蠟燭一，觀想許願者的愛與力量。

點燃金色蠟燭，觀想許願者擁有的強大魅力；他或她如何吸引人們靠近自己。

點燃許願者的求愛對象所代表的星座蠟燭，想著對方，並觀想他或她。

點燃紅色蠟燭二，觀想這個人對許願者的愛。如果許願者是男性，然後施術者應該要說：

你這女子中極美麗的，

（《雅歌》第六章）

你的良人往何處去了？
你的良人轉向何處去了？
我們好與你同去尋找他。
我的良人下入自己園中，
到香花畦，
在園內牧放群羊，採百合花。
我的佳偶啊，
你美麗如得撒，
秀美如耶路撒冷，
威武如展開旌旗的軍隊。
求你掉轉眼目不看我，因你的眼目使我驚亂。
你的頭髮如同山羊群，臥在基列山旁。
你的牙齒如一群母羊，

洗淨上來，
個個都有雙生，
沒有一隻喪掉子的。
你的兩太陽在帕子內如同一塊石榴。
有六十王后，
八十妃嬪，
並有無數的童女。
我的鴿子，我的完全人，
只有這一個是她母親獨生的，
是生養她者所寶愛的。
眾女子見了就稱她有福；
王后妃嬪見了
也讚美她。

那向外觀看，如晨光發現，
美麗如月亮，皎潔如日頭，
威武如展開旌旗軍隊的是誰呢？
我下入核桃園，
要看谷中青綠的植物，
要看葡萄發芽沒有，
石榴開花沒有。
不知不覺，我的心
將我安置在我尊長的車中。
回來，回來，書拉密女！
使我們得觀看你！
你們為何要觀看書拉密女，
像觀看瑪哈念跳舞的呢？

若許願者是女性，那麼施術者應該唸：

（《雅歌》第八章）

巴不得你像我兄弟，
像吃我母親奶的兄弟！
我在外頭遇見你，就與你親嘴，
誰也不輕看我。
我必引導你，領你進我母親的家，
我可以領受教訓，
也就使你喝石榴汁釀的香酒。
他的左手必在我頭下；
他的右手必將我抱住。
耶路撒冷的眾女子啊，我囑咐你們：

不要驚動、不要叫醒我所親愛的，等他自己情願。
那靠著良人從曠野上來的是誰呢？
我在蘋果樹下叫醒你，
你的母親在那裡為你效勞，
生養你的在那裡為你效勞。
求你將我放在你心上
如印記，帶在你臂上如戳記。
因為愛情如死之堅強，
嫉恨如陰間之殘忍；
所發的電光是火焰的電光，
是耶和華的烈焰。
愛情，眾水不能熄滅，
大水也不能淹沒。

若有人拿家中所有的財寶要換愛情，
就全被藐視。
我們有一小妹，她的兩乳尚未長成，
人來提親的日子，
我們當為她怎樣辦理？
她若是牆，我們要在其上建造銀塔；
她若是門，我們要用香柏木板維護她。
我是牆，我兩乳像其上的樓。
那時，我在他眼中像個平安的人。
所羅門在巴力哈們有一葡萄園；
他將這葡萄園交給看守的人，
為其中的果子必交
一千舍客勒銀子。

我自己的葡萄園在我面前，
所羅門哪，一千舍客勒歸你，
兩百舍客勒歸看守果子的人。
你這住在園中的，
同伴都要聽你的聲音，
求你使我也得聽見。
我的良人哪，求你快來！
如羚羊或小鹿
在香草山上。

在將紅色蠟燭二跟星座蠟燭向左移動二・五公分後的第二天重複此儀式。每天持續做，直到紅色蠟燭二和星座蠟燭都碰觸了許願者蠟燭。

15

好運
改變運勢

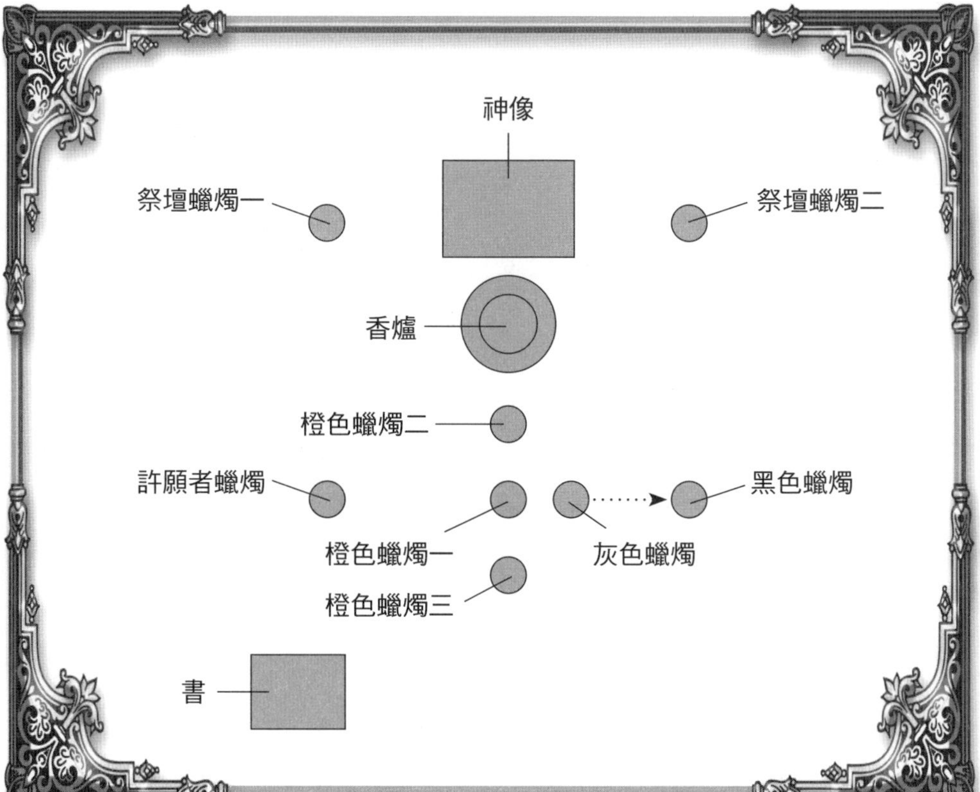
神像
祭壇蠟燭一
祭壇蠟燭二
香爐
橙色蠟燭二
許願者蠟燭
黑色蠟燭
橙色蠟燭一
灰色蠟燭
橙色蠟燭三
書

改變運勢

點燃祭壇蠟燭一和二。

點燃薰香。

點燃許願者蠟燭，想像許願者的模樣。點燃橙色蠟燭一、二和三，想著激勵許願者，想著許願者的運勢改變，變得更好了。點燃黑色蠟燭，想著厄運即將消失。點燃灰色蠟燭，想著所有的厄運都被消除了，在運勢中和之後，就變成了好運當道。

（《詩篇》第六十二章：第三、四、十一、十二節）

你們大家攻擊一人，

把他毀壞，如同

毀壞歪斜的牆、將倒的壁，

要到幾時呢？
他們彼此商議，專要從他的尊位上把他推下，
他們喜愛謊言，口雖祝福，
心卻咒詛。

神說了一次、兩次，我都聽見，
就是能力都屬乎神。
主啊，慈愛也是屬乎祢，
因為祢照著各人所行的報應他。

吹熄黑色蠟燭，過一會兒，又重新點燃它，再次說道：

你們大家攻擊一人，

把他毀壞，如同
毀壞歪斜的牆、將倒的壁，
要到幾時呢？
他們彼此商議，專要從他的尊位上把他推下，
他們喜愛謊言，口雖祝福，
心卻咒詛。

神說了一次、兩次，我都聽見，
就是能力都屬乎神。
主啊，慈愛也是屬乎祢，
因為祢照著各人所行的報應他。

吹熄黑色蠟燭，過一會兒，又重新點燃它，再次說道：

你們大家攻擊一人，
把他毀壞，如同
毀壞歪斜的牆、將倒的壁，
要到幾時呢？
他們彼此商議，專要從他的尊位上把他推下，
他們喜愛謊言，口雖祝福，
心卻咒詛。

神說了一次、兩次，我都聽見，
就是能力都屬乎神。
主啊，慈愛也是屬乎祢，
因為祢照著各人所行的報應他。

專心想著許願者的運勢由壞轉好。

熄滅蠟燭。

連續幾晚重複此儀式，每一次都讓灰色蠟燭往黑色蠟燭靠近二・五公分，持續到碰觸黑色蠟燭為止。

16・冥想

靜心冥想

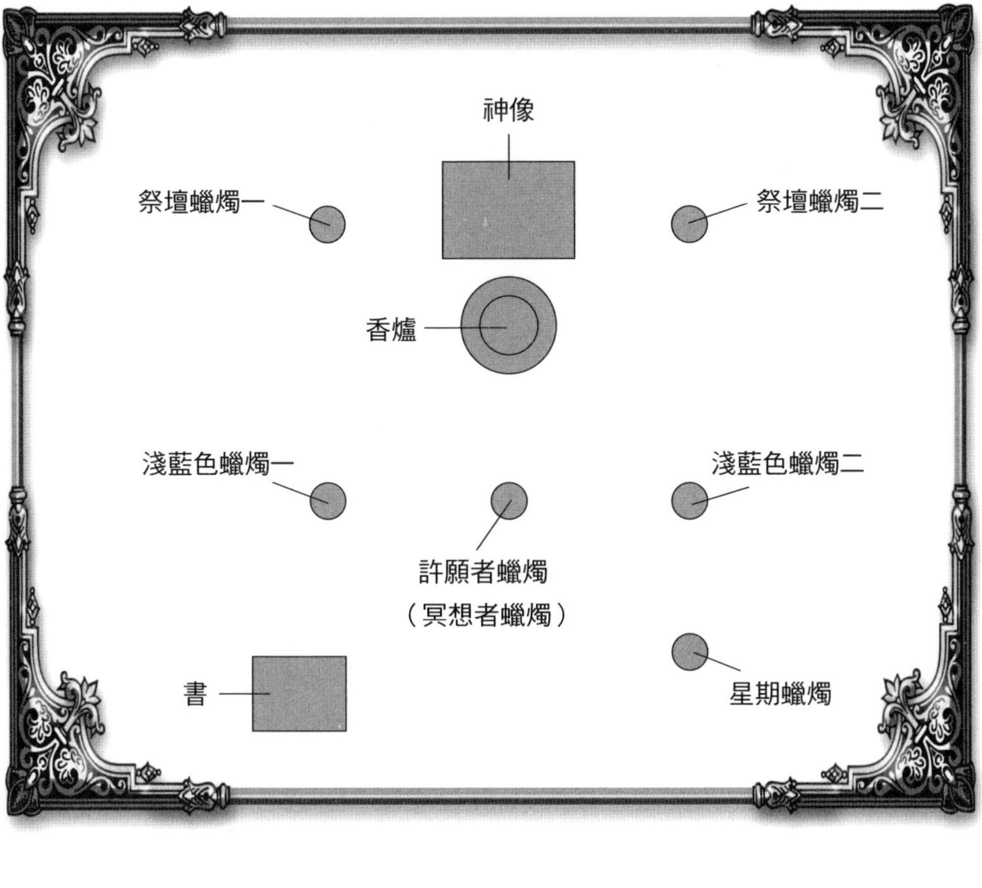
神像
祭壇蠟燭一
祭壇蠟燭二
香爐
淺藍色蠟燭一
淺藍色蠟燭二
許願者蠟燭
（冥想者蠟燭）
書
星期蠟燭

靜心冥想

點燃祭壇蠟燭一和二。
點燃星期蠟燭。
點燃薰香。
點燃許願者蠟燭，想著許願者。
點燃淺藍色蠟燭，想著平靜與安寧。說：

我們已經在自然的秩序、
歷史的長河中找到了祢。
但我們在一生中，對祢一無所知。
祢近在咫尺，
我們卻視而不見。

即便我們過著沒有祢
親切陪伴的一天，
求主幫助我們，為我們展現
祢的臨在與援助。
但願烏雲未遮蔽祢的臉龐，
但願祢的榮光引導我們一生，
願今天成為我們喜樂與成長的日子，
願黃昏使我們更接近目標，
讓我們走上自己的道路。
助我們理解它們所承諾的財富，
賜我們珍貴的果實與花朵，
並在我們靈魂的花園裡盛放。
願我們不遺餘力照顧它們，

即便是為了物質上的好處而勞動。
在我們人生的高產時期，來給我們出主意吧！
願最終的收穫是為了
我們自身的富足與祢的讚許。

進入你偏愛的冥想階段（如超覺靜坐、梵咒瑜伽……等等）。
在冥想結束時，按照點蠟燭的相反順序熄滅蠟燭。

17

金錢

獲得金錢

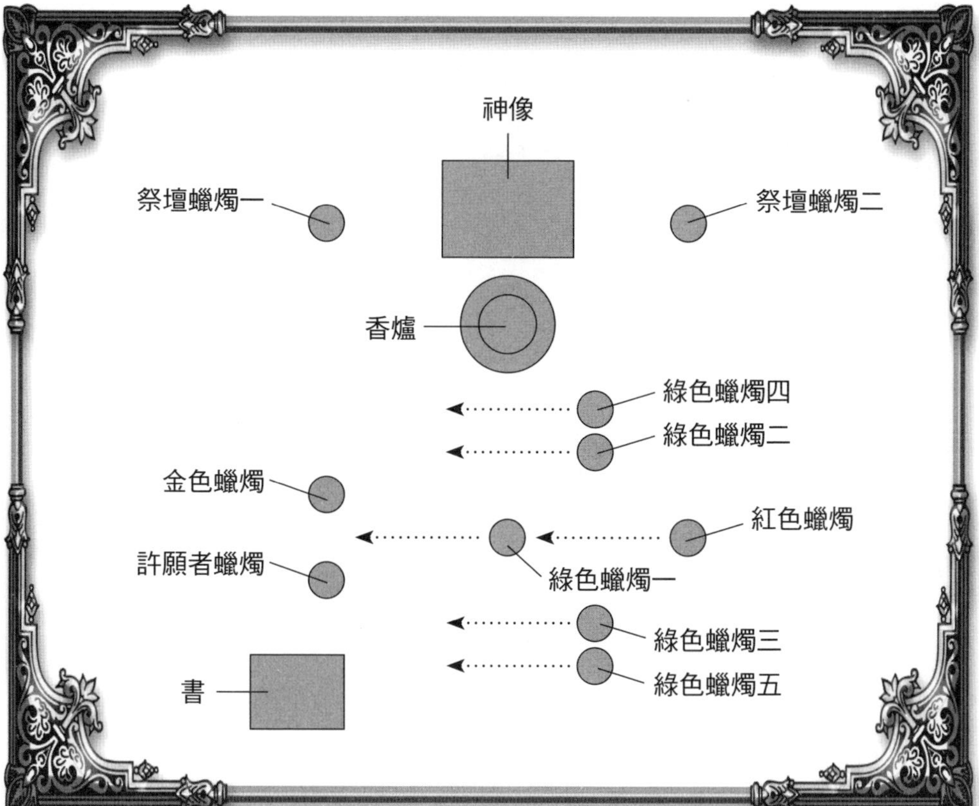
神像
祭壇蠟燭一
祭壇蠟燭二
香爐
綠色蠟燭四
綠色蠟燭二
金色蠟燭
紅色蠟燭
許願者蠟燭
綠色蠟燭一
綠色蠟燭三
綠色蠟燭五
書

獲得金錢

點燃祭壇蠟燭一和二。

點燃薰香。

觀想要實現的事情。

點燃許願者蠟燭，想著許願者的模樣。

點燃金色蠟燭，想著「吸引金錢的感覺」。

按照順序點燃綠色蠟燭，想著「金錢」。

點燃紅色蠟燭，想像要實現的願望。

沉思片刻，然後說道：

（《詩篇》第四十一章）

眷顧貧窮的有福了，

他遭難的日子，耶和華必搭救他。
耶和華必保全他，使他存活；他必在地上享福。
求祢不要把他交給仇敵，遂其所願。
他病重在榻，耶和華必扶持他；
他在病中，祢必給他鋪床。
我曾說：「耶和華啊，求祢憐恤我、醫治我，
因為我得罪了祢。」
我的仇敵用惡言議論我說：
「他幾時死，他的名才滅亡呢？」
他來看我就說假話，他心存奸惡，走到外邊才說出來。
一切恨我的，都交頭接耳的議論我，他們設計要害我。
他們說：「有怪病貼在他身上，他已躺臥，必不能再起來。」
連我知己的朋友，

我所倚靠吃過我飯的，也用腳踢我。
耶和華啊，求祢憐恤我，使我起來，好報復他們。
因我的仇敵不得向我誇勝，
我從此便知道祢喜愛我，
祢因我純正就扶持我，
使我永遠站在祢的面前。
耶和華，以色列的神，是應當稱頌的，
從亙古直到永遠。阿們，阿們！

以上的內容可以用《詩篇》第二十三章替換：

耶和華是我的牧者，
我必不致缺乏。

祂使我躺臥在青草地上，
領我在可安歇的水邊。
祂使我的靈魂甦醒，
為自己的名引導我走義路。
我雖然行過死蔭的幽谷，
也不怕遭害，
因為你與我同在；
你的杖，
你的竿，都安慰我。
在我敵人面前，
祢為我擺設筵席；
祢用油膏了我的頭，
使我的福杯滿溢。

我一生一世
必有恩惠慈愛隨著我，
我且要住在耶和華的殿中，
直到永遠。

第二天，在把綠色跟紅色蠟燭往左移五公分後，重複此儀式。每天持續做，直到綠色蠟燭一碰觸到金色蠟燭與許願者蠟燭為止。

18

平靜

舒緩並安撫神經

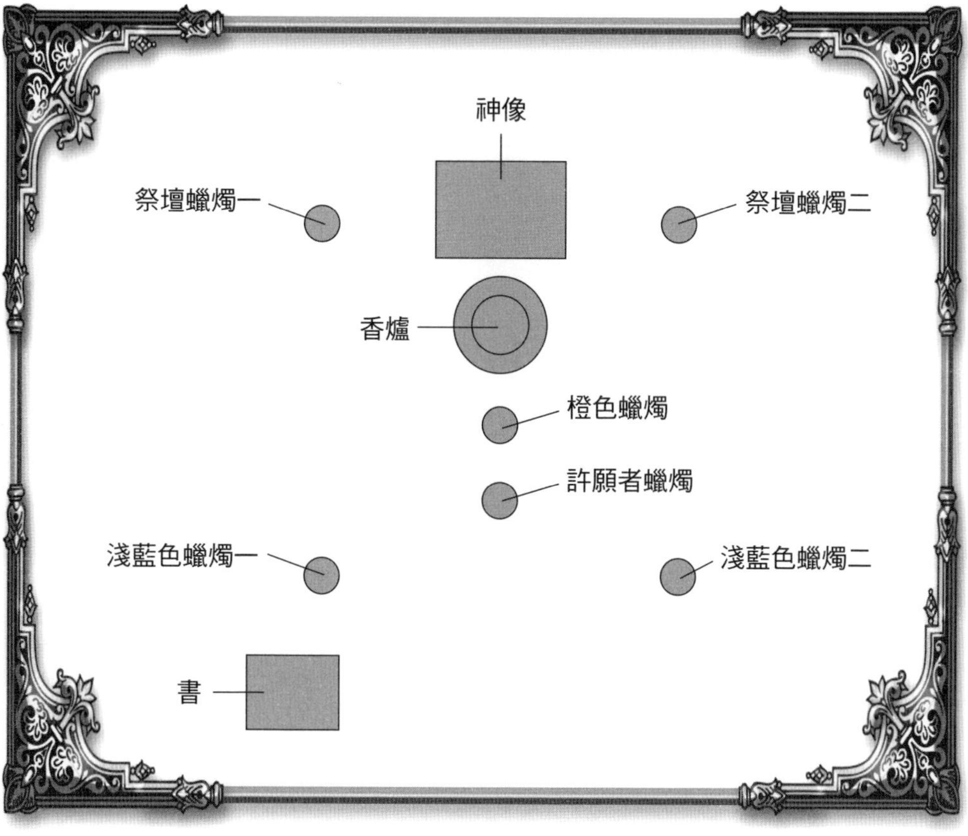

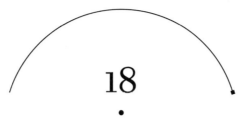

舒緩並安撫神經

點燃祭壇蠟燭一和二。

點燃薰香。

點燃許願者蠟燭，並集中精神想著許願者。

點燃淺藍色蠟燭一和二，同時想著平靜與安寧，耐心和安於心平氣和的感受。

點燃橙色蠟燭，同時想著激勵、鼓舞和平靜。說道：

（《詩篇》第三十七章）

不要為作惡的心懷不平，
也不要向那行不義的生出嫉妒，
因為他們如草快被割下，
如青菜快要枯乾。

當倚靠耶和華而行善，
住在地上，以他的信實為糧；
又要以耶和華為樂，祂就將你心裡所求的賜給你。
當將你的事交託耶和華，並倚靠祂，祂就必成全。
祂要使你的公義如光發出，
使你的公平明如正午。
你當默然倚靠耶和華，耐性等候祂。
不要因那道路通達的
和那惡謀成就的心懷不平。
當止住怒氣，離棄忿怒；
不要心懷不平，以致作惡。
因為作惡的必被剪除，
惟有等候耶和華的必承受地土，

還有片時，惡人要歸於無有。你就是細察他的住處，也要歸於無有。
但謙卑的人必承受地土，
以豐盛的平安為樂。
惡人設謀害義人，又向他咬牙。
主要笑他，因見他受罰的日子將要來到。
惡人已經弓上弦、
刀出鞘，
要打倒困苦窮乏的人，要殺害行動正直的人。
他們的刀
必刺入自己的心，
他們的弓必被折斷。
一個義人所有的雖少，

強過許多惡人的富餘。

因為惡人的膀臂必被折斷，但耶和華是扶持義人。

耶和華知道完全人的日子，他們的產業要存到永遠。

然後安靜坐十五分鐘左右，再熄滅蠟燭。只要你覺得有必要的時候，就應該進行這個儀式。

19

權力

得到凌駕於他人之上的權力

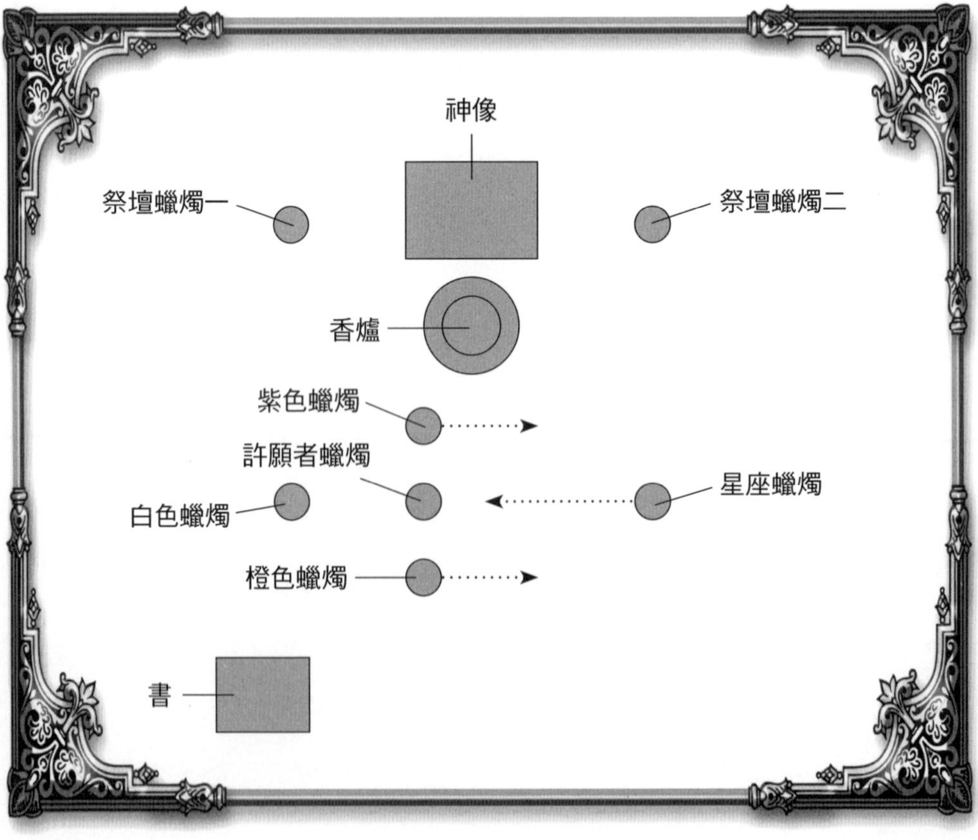

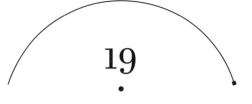

得到凌駕於他人之上的權力

點燃祭壇蠟燭一和二。

點燃薰香。

點燃許願者蠟燭，想著許願者的模樣。點燃白色蠟燭，想著許願者的力量。

點燃許願者想要支配者的星座蠟燭，專注的想著此人。

點燃紫色蠟燭，想著許願者的力量散發出來，想著它如何對另一個人發揮效用。

點燃橙色蠟燭，觀想許願者對另一個人的吸引力。

然後說：

（《詩篇》第一百三十章）

耶和華啊，我從深處向祢求告。

主啊，求祢聽我的聲音，
願祢側耳聽我懇求的聲音。
主耶和華啊，祢若究察罪孽，
誰能站得住呢？
但在祢有赦免之恩，
要教人敬畏祢。
我等候耶和華，我的心等候，
我也仰望祂的話。
我的心等候主，
勝於守夜的等候天亮，
勝於守夜的
等候天亮。
以色列啊，你當仰望耶和華，

因祂有慈愛，
有豐盛的救恩。
祂必救贖以色列
脫離一切的罪孽。

熄滅蠟燭。

每天晚上都做此儀式，連續六個晚上。每一次星座蠟燭向左移動二．五公分（朝向祭壇的中心），紫色蠟燭與橙色蠟燭都朝右向中心移動二．五公分。

20

增強力量
增強你的力量

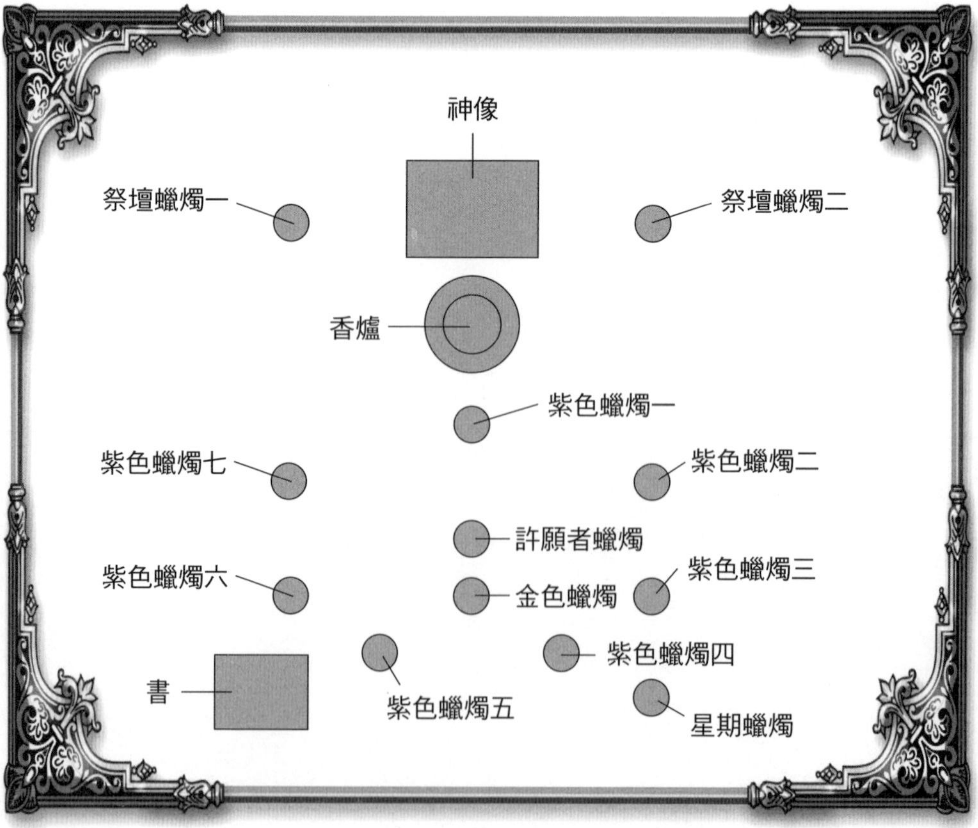

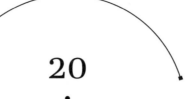

增強你的力量*

點燃祭壇蠟燭一和二。

點燃薰香。

點燃許願者蠟燭，仔細想一想許願者。

點燃金色蠟燭，想像力量被許願者吸引而來。

點燃星期蠟燭（注意：此儀式應該在滿月前的七天開始。星期蠟燭是對應儀式那天的顏色〔參見表二〕，因此，每一天儀式會用不同顏色的蠟燭）。

點燃紫色蠟燭一（注意：在儀式第二天點燃紫色蠟燭一和二；第三天，點燃紫色蠟燭一、二、三，以此類推）。說道：

* 註：適用於通靈能力、魔法力量、療癒力量、超能力等等。

（《詩篇》第一百二十七章）

若不是耶和華建造房屋，
建造的人就枉然勞力；
若不是耶和華看守城池，
看守的人就枉然警醒。
你們清晨早起，
夜晚安歇，
吃勞碌得來的飯，本是枉然；惟有耶和華所親愛的，
必叫他安然睡覺。

兒女是耶和華所賜的產業，
所懷的胎是他所給的賞賜。
少年時所生的兒女，

好像勇士手中的箭。
箭袋充滿的人
便為有福；
他們在城門口與仇敵說話的時候，
必不至於羞愧。

靜靜的坐一會兒，觀想許願者的內在有了力量。然後再次說道：

若不是耶和華建造房屋，
建造的人就枉然勞力；
若不是耶和華看守城池，
看守的人就枉然警醒。
你們清晨早起，
夜晚安歇，

吃勞碌得來的飯，本是枉然；惟有耶和華所親愛的，
必叫他安然睡覺。

兒女是耶和華所賜的產業，
所懷的胎是他所給的賞賜。
少年時所生的兒女，
好像勇士手中的箭。
箭袋充滿的人
便為有福；
他們在城門口與仇敵說話的時候，
必不至於羞愧。

按照點燃蠟燭的相反順序來熄滅蠟燭。

21

豐盛

獲得豐盛

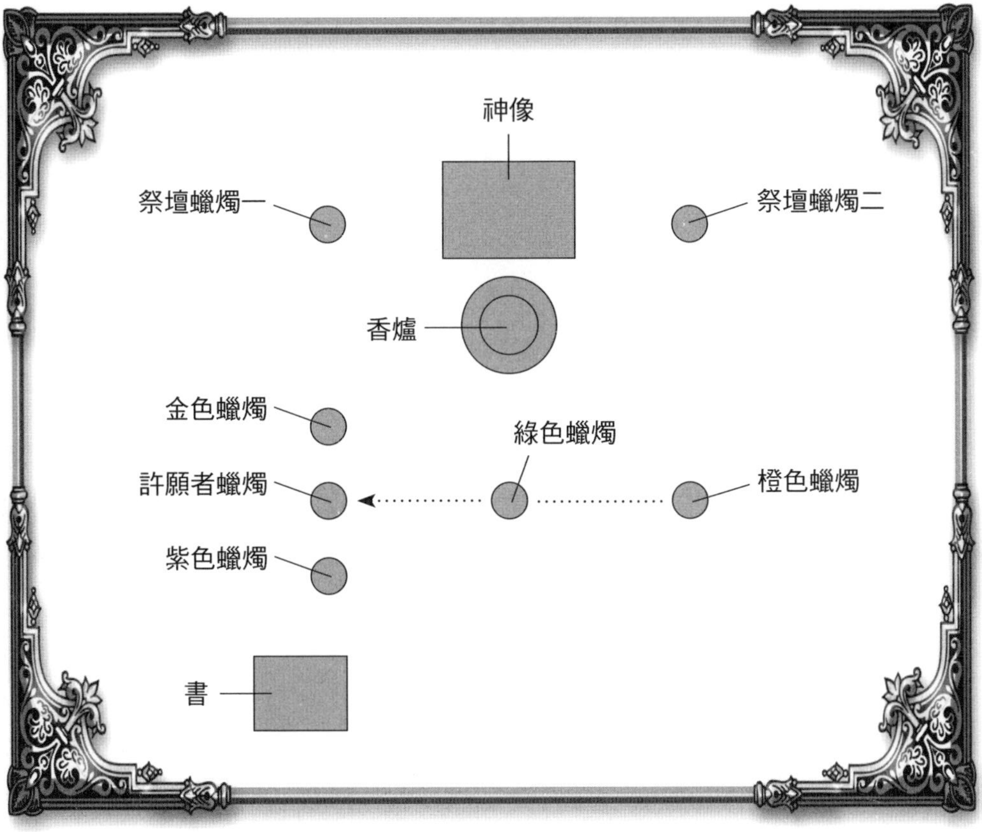

神像
祭壇蠟燭一
祭壇蠟燭二
香爐
金色蠟燭
綠色蠟燭
許願者蠟燭
橙色蠟燭
紫色蠟燭
書

獲得豐盛

點燃祭壇蠟燭一和二。

點燃薰香。

點燃許願者蠟燭，同時觀想許願者的模樣。

點燃金色蠟燭，同時觀想吸引力、自信跟收穫。

點燃紫色蠟燭，同時想著進步跟力量。

點燃綠色蠟燭，同時觀想著金錢、財富跟豐盛。

點燃橙色蠟燭，同時想著金錢與豐盛都受許願者的吸引而來。然後說：

（《詩篇》第四十一章）

眷顧貧窮的有福了，

他遭難的日子，耶和華必搭救他。

耶和華必保全他，使他存活；他必在地上享福。
求祢不要把他交給仇敵，遂其所願。
他病重在榻，耶和華必扶持他；
他在病中，祢必給他鋪床。
我曾說：「耶和華啊，求祢憐恤我、醫治我，
因為我得罪了祢。」
我的仇敵用惡言議論我說：
「他幾時死，他的名才滅亡呢？」
他來看我就說假話，他心存奸惡，走到外邊才說出來。
一切恨我的，都交頭接耳的議論我，他們設計要害我。
他們說：「有怪病貼在他身上，他已躺臥，必不能再起來。」
連我知己的朋友，
我所倚靠吃過我飯的，也用腳踢我。

耶和華啊，求祢憐恤我，使我起來，好報復他們。
因我的仇敵不得向我誇勝，
我從此便知道祢喜愛我，
祢因我純正就扶持我，
使我永遠站在祢的面前。
耶和華，以色列的神，是應當稱頌的，
從亙古直到永遠。阿們，阿們！

在熄滅蠟燭之前靜坐一會兒。連續幾個晚上都這樣做，每一次都把綠色蠟燭和橙色蠟燭向左移五公分。

22

淨化

自我淨化

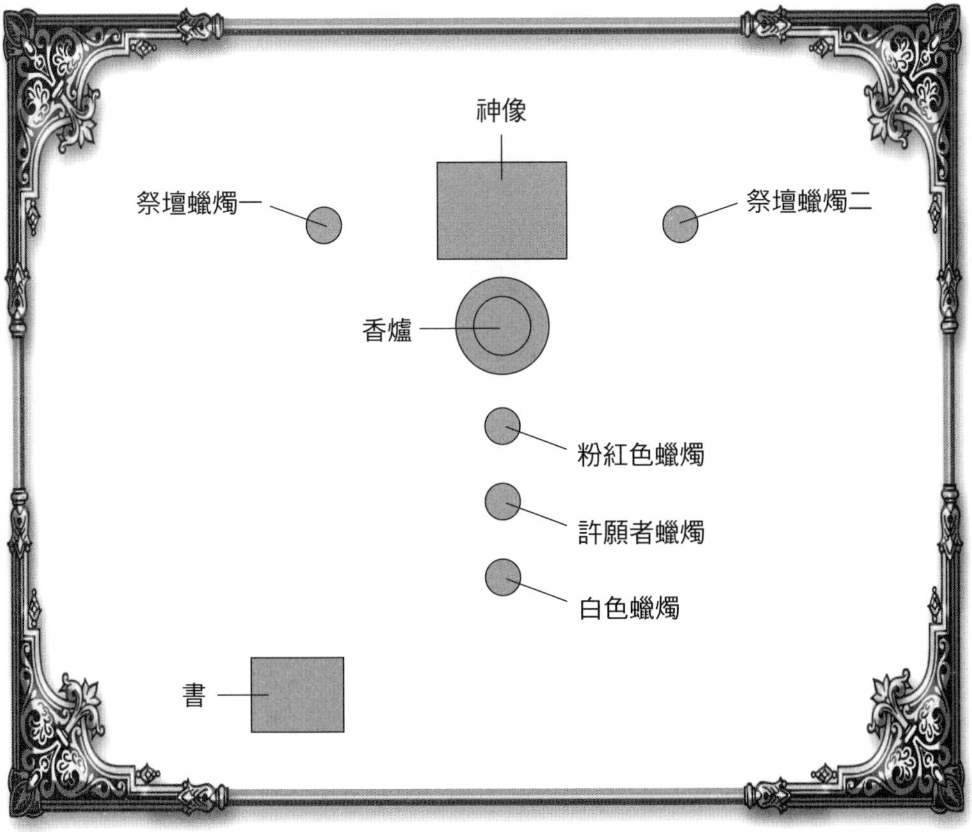

神像
祭壇蠟燭一
祭壇蠟燭二
香爐
粉紅色蠟燭
許願者蠟燭
白色蠟燭
書

自我淨化

點燃祭壇蠟燭一和二。

點燃薰香。

點燃許願者蠟燭，同時專注想著許願者。

點燃粉紅色蠟燭時，想著許願者的榮譽、正直和品德。

點燃白色蠟燭，並想著許願者的真誠、誠實和純潔。說道：

（《詩篇》第二十三章）

耶和華是我的牧者，

我必不致缺乏。

祂使我躺臥在青草地上，

領我在可安歇的水邊。

祂使我的靈魂甦醒，
為自己的名引導我走義路。
我雖然行過死蔭的幽谷，
也不怕遭害，
因為你與我同在；
你的杖，
你的竿，都安慰我。
在我敵人面前，
祢為我擺設筵席；
祢用油膏了我的頭，
使我的福杯滿溢。
我一生一世
必有恩惠慈愛隨著我，

我且要住在耶和華的殿中，
直到永遠。

靜靜坐上五分鐘，想著許願者的淨化。然後再次說：

耶和華是我的牧者，
我必不致缺乏。
祂使我躺臥在青草地上，
領我在可安歇的水邊。
祂使我的靈魂甦醒，
為自己的名引導我走義路。
我雖然行過死蔭的幽谷，

也不怕遭害，
因為你與我同在；
你的杖，
你的竿，都安慰我。
在我敵人面前，
祢為我擺設筵席；
祢用油膏了我的頭，
使我的福杯滿溢。
我一生一世
必有恩惠慈愛隨著我，
我且要住在耶和華的殿中，
直到永遠。

靜靜坐上五分鐘，想著許願者是純淨的，然後第三次重複這段《詩篇》章節。

在冥想五分鐘後，熄滅蠟燭。

只要你想的話，就可以每三天重複一次此儀式。

23
顯像占卜
顯像占卜儀式

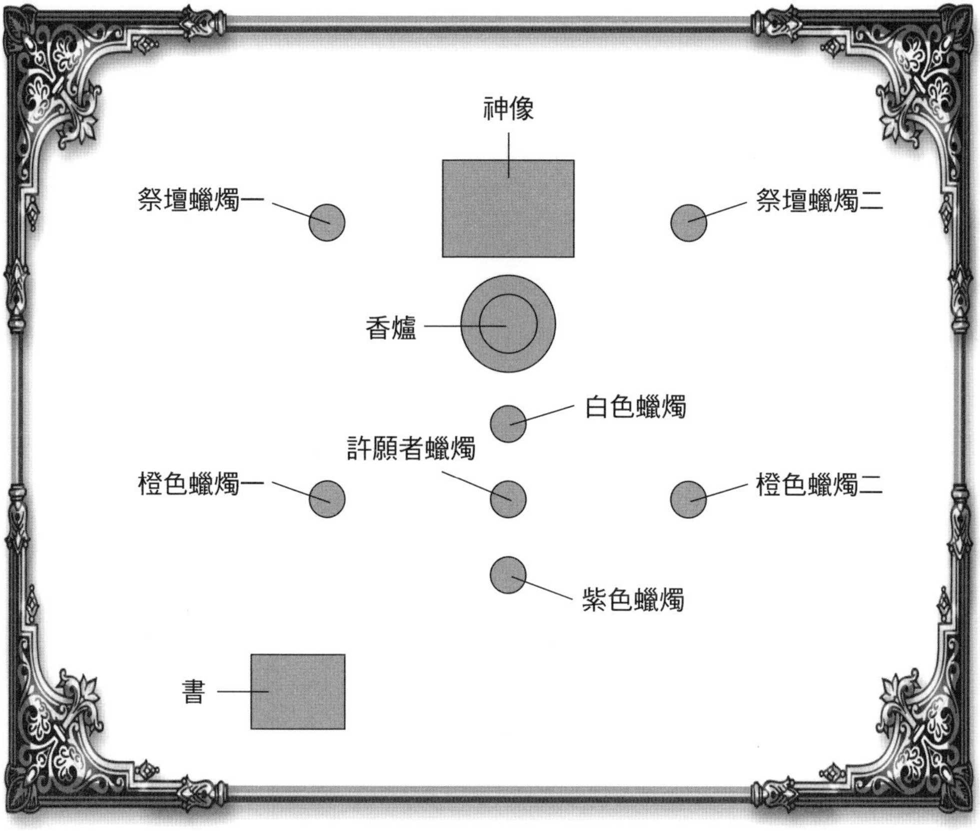

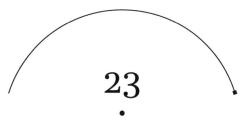

顯像占卜儀式*

點燃祭壇蠟燭一和二。

點燃薰香。

點燃許願者蠟燭，觀想許願者的模樣。

點燃白色蠟燭，觀想淨化、真理和真誠。

點燃紫色蠟燭，想著與神聖的力量連結，來做顯像占卜。

點燃橙色蠟燭一和二，想像力量被許願者吸引而來。說：

（《詩篇》第六十二章）

我的心默默無聲，專等候神，

我的救恩是從祂而來。

唯獨祂是我的磐石。

我的拯救、
祂是我的高台，
我必不動搖。
你們大家攻擊一人，把他毀壞，
如同毀壞歪斜的牆、將倒的壁，要到幾時呢？
他們彼此商議，專要從他的尊位上把他推下，
他們喜愛謊言，口雖祝福，
心卻咒詛。

我的心哪，你當默默無聲，
專等候神，

＊註：同樣適用水晶球占卜、鏡子占卜，或是任何形式的靈視顯像技巧。

因為我的盼望是從祂而來。
惟獨祂是我的磐石，
我的拯救，
祂是我的高台，
我必不動搖。
我的拯救，
我的榮耀，
都在乎神，
我力量的磐石，
我的避難所，
都在乎神。
你們眾民當時時倚靠祂，

在祂面前傾心吐意。
神是我們的避難所。
神說了一次、兩次，
我都聽見，
就是能力都屬乎神，
啊，慈愛也是屬乎祢，
因為祢照著各人所行的報應他。

靜靜坐一會兒，釐清你腦海裡的一切。然後轉過身背對祭壇，凝視著想要顯像的物體（水晶、鏡子或其他東西）。當你完成意欲做的事情，再次轉向祭壇，低下頭靜默片刻。熄滅蠟燭。

24

清白
停止造謠

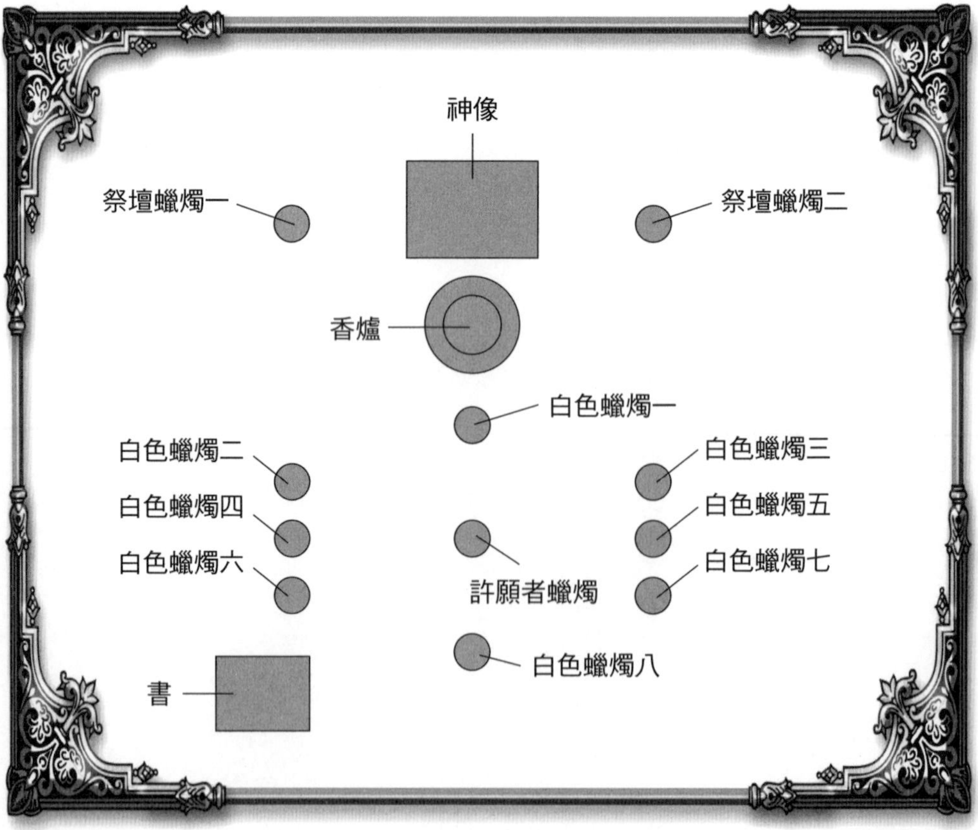

神像
祭壇蠟燭一
祭壇蠟燭二
香爐
白色蠟燭一
白色蠟燭二
白色蠟燭三
白色蠟燭四
白色蠟燭五
白色蠟燭六
白色蠟燭七
許願者蠟燭
白色蠟燭八
書

停止造謠

點燃祭壇蠟燭一和二。點燃薰香。

點燃許願者蠟燭，同時集中精神想著許願者的模樣。按照順序點燃所有的白色蠟燭，並想像許願者完全的被淨化、真理和真誠的力量包圍起來——這是一個無法跨越的屏障。

（《詩篇》第二章）

外邦為什麼爭鬧？

萬民為什麼謀算虛妄的事？

世上的君王一齊起來，

臣宰一同商議，

要敵擋耶和華及它的受膏者，

說：「我們要掙開他們的綑綁，
脫去他們的繩索。」
那坐在天上的必發笑，
主必嗤笑他們。
那時，祂要在怒中
責備他們，
在烈怒中驚嚇他們，
說：「我已經立我的君
在錫安我的聖山上了。」
受膏者說：
「我要傳聖旨。
耶和華曾對我說：
你是我的兒子，

我今日生你。
你求我，
我就將列國賜你為基業，
將地賜你為田產，
你必用鐵杖打破他們，
你必將他們如同
窯匠的瓦器摔碎。」
現在，你們君王應當省悟，
你們世上的審判官該受管教；
當存畏懼侍奉耶和華，
又當存戰競而快樂；
當以嘴親子，恐怕他發怒，
你們便在道中滅亡，

因為他的怒氣快要發作。
凡投靠他的，都是有福的。

靜坐冥想十分鐘後再熄滅蠟燭。
只要你想要的話，每三個晚上重複此儀式。

25

成功
達到成功

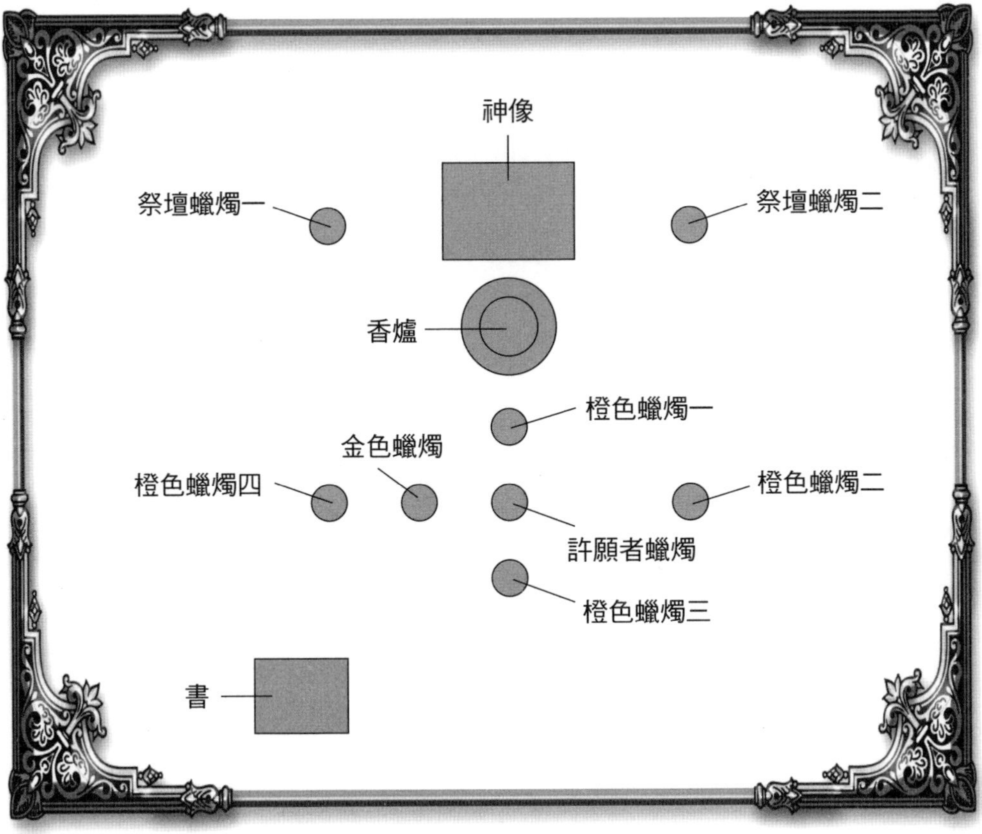
神像
祭壇蠟燭一
祭壇蠟燭二
香爐
橙色蠟燭一
金色蠟燭
橙色蠟燭四
橙色蠟燭二
許願者蠟燭
橙色蠟燭三
書

達到成功

點燃祭壇蠟燭一和二。

點燃薰香。

點燃許願者蠟燭，集中你的意念想著許願者的模樣。點燃金色蠟燭和橙色蠟燭一（只點燃一根橙色蠟燭），觀想許願者在任何努力的領域，都會有超棒的好運（參見儀式結尾的步驟關於橙色蠟燭二、三和四的部分）。然後說道：

（《詩篇》第九十五章）

來啊，我們要向耶和華歌唱，

向拯救我們的磐石歡呼。

我們要來感謝祂，

用詩歌向祂歡呼。

因耶和華為大神，為大王，
超乎萬神之上。
地的深處在祂手中，
山的高峰也屬祂。
海洋屬祂，
是祂造的；
旱地也是祂的手造成的。
來啊，我們要屈身敬拜，
在造我們的耶和華面前跪下。
因為祂是我們的神，
我們是祂草場的羊，
是祂手下的民，
惟願你們今天聽祂的話。

你們不可硬著心，像當日在米利巴，就是在曠野的瑪撒。
那時，你們的祖宗試我、探我。
並觀看我的作為。
四十年之久，我厭煩那世代。
說：「這是心裡迷糊的百姓，
竟不曉得我的作為。」
所以我在怒中起誓說：
「他們斷不可進入我的安息！」

靜坐十分鐘，想像許願者獲得了完全的成功。

熄滅蠟燭。

第一次儀式應當在週二完成。週五的時候重複同樣的步驟，但是只點燃橙色蠟燭一和二。下一個週二再次舉行此儀式，點燃橙色蠟燭一、二和三。

最後，在第二個週五，再次進行此儀式，這次點燃全部四根橙色蠟燭。

如果覺得有必要舉行此儀式更久一點，可以在每週二和週五重複，但最初的「開壇」之後，一定要點燃所有的蠟燭，一直持續到獲得成功為止。

26

真理

了解真理

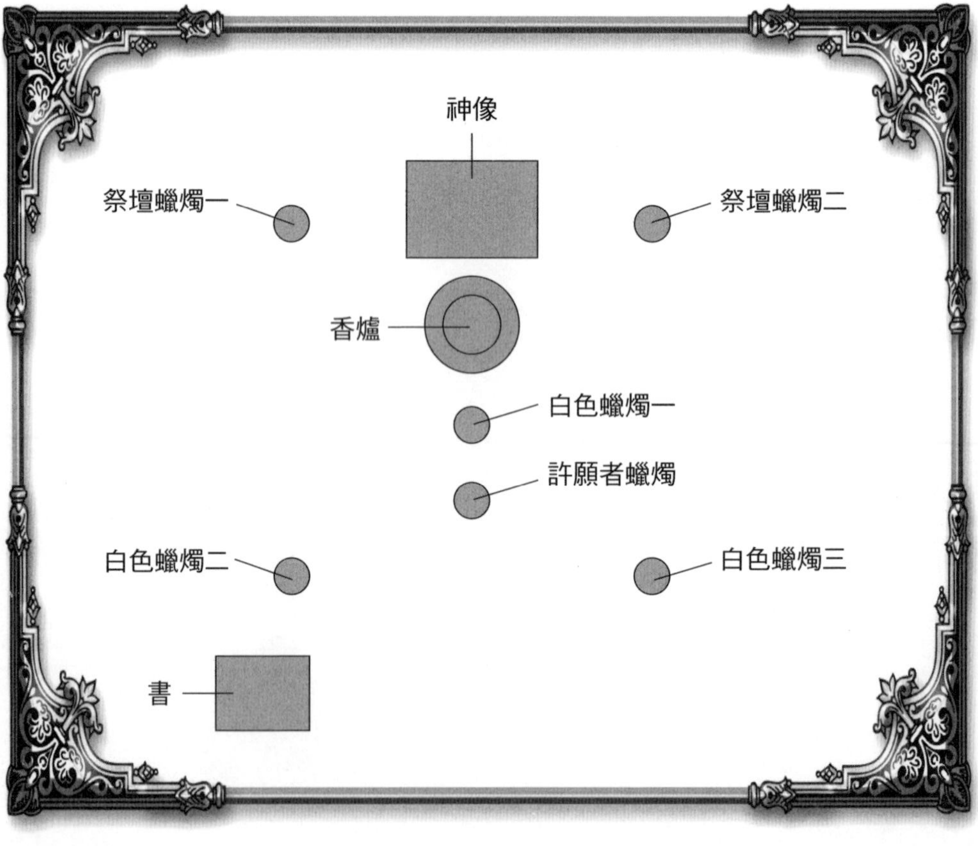
神像
祭壇蠟燭一
祭壇蠟燭二
香爐
白色蠟燭一
許願者蠟燭
白色蠟燭二
白色蠟燭三
書

了解真理

點燃祭壇蠟燭一和二。

點燃薰香。

認真想著你希望學習的真理。

點燃許願者蠟燭，想著許願者的模樣。

點燃白色蠟燭一，並說道：

（《詩篇》第一百一十七章）

萬國啊，

你們都當讚美耶和華！

萬民啊，你們都當頌讚祂！

因為祂向我們大施慈愛，

耶和華的誠實存到永遠。
你們要讚美耶和華！

點燃白色蠟燭二並說：

萬國啊，
你們都當讚美耶和華！
萬民啊，你們都當頌讚祂！
因為祂向我們大施慈愛，
耶和華的誠實存到永遠。
你們要讚美耶和華！

點燃白色蠟燭三，然後說：

萬國啊，
你們都當讚美耶和華！
萬民啊，你們都當頌讚祂！
因為祂向我們大施慈愛，
耶和華的誠實存到永遠。
你們要讚美耶和華！

靜坐半小時，然後熄滅蠟燭。

27

跨越

跨越某人阻礙

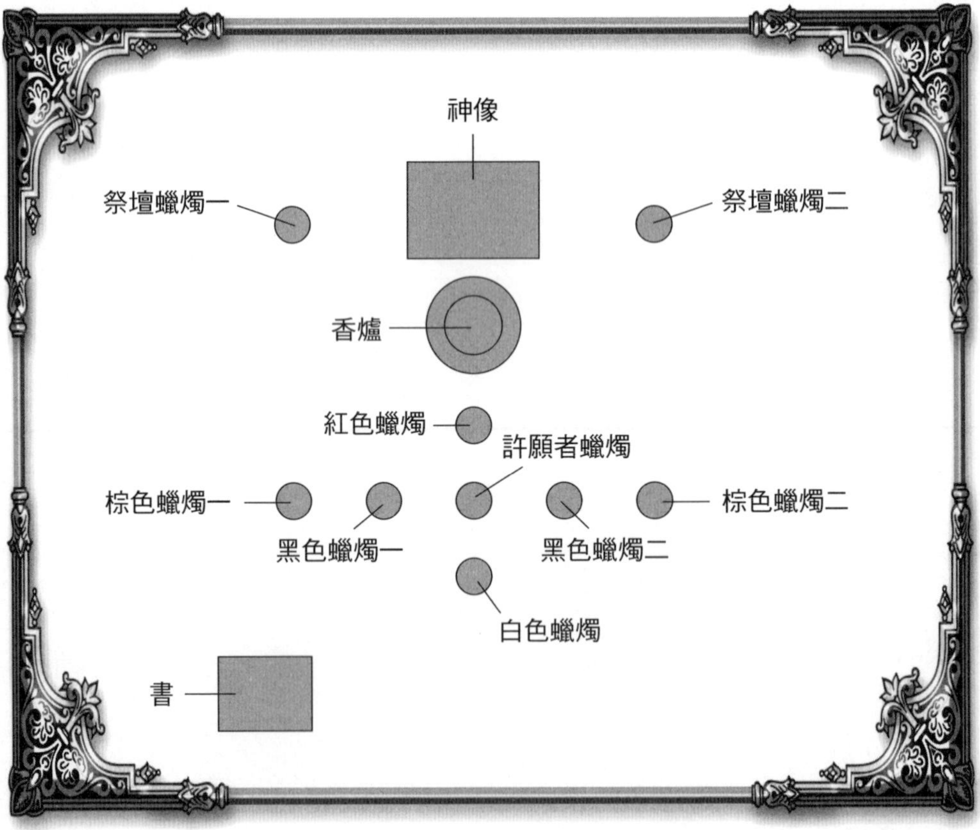
神像
祭壇蠟燭一
祭壇蠟燭二
香爐
紅色蠟燭
許願者蠟燭
棕色蠟燭一
棕色蠟燭二
黑色蠟燭一
黑色蠟燭二
白色蠟燭
書

跨越某人阻礙

點燃祭壇蠟燭一和二。

點燃薰香。

點燃許願者蠟燭，觀想許願者的模樣。

點燃紅色蠟燭與白色蠟燭，觀想許願者的力量跟淨化許願者之後，將會幫助他消除被「阻礙」的情況。

點燃黑色蠟燭一和二，觀想許願者身上的「障礙」，或者是觀想著那位阻礙許願者的人（如果你知道是誰的話）。

點燃棕色蠟燭一和二，觀想那個阻礙許願者的人失敗了，心中猶豫不決。說道：

（《詩篇》第五十九章）

我的神啊，求祢救我脫離仇敵，

把我安置在高處，

得脫那些起來攻擊我的人；

求祢救我脫離作孽的人和喜愛流人血的人。

因為他們埋伏，要害我的命。有能力的人聚集來攻擊我。

耶和華啊，這不是為我的過犯，也不是為我的罪愆。

我雖然無過，

他們預備整齊，跑來攻擊我。

求祢興起鑒察，幫助我。

萬君之神耶和華，以色列的神啊，

求祢興起，懲治萬邦，不要憐憫行詭詐的惡人。

他們晚上轉回，

叫號如狗，圍城繞行。
他們口中噴吐惡言，
嘴裡有刀。
他們說：「有誰聽見？」
但祢耶和華必笑話他們，祢要嗤笑萬邦。
我的力量啊，
我必仰望祢，
因為神是我的高台。
我的神要以慈愛迎接我，
神要叫我看見我仇敵遭報。
不要殺他們，恐怕我的民忘記。
主啊，祢是我們的盾牌，
求祢用祢的能力使他們四散，

且降為卑。
因他們口中的罪和嘴裡的言語，
並咒罵虛謊的話，
願他們在驕傲之中被纏住了。
求祢發怒，使他們消滅，
以致歸於無有，
叫他們知道神在雅各中間掌權，直到地極。
到了晚上，任憑他們轉回，
任憑他們叫號如狗，圍城繞行。
他們必走來走去，尋找食物，若不得飽，就終夜在外。
但我要歌頌祢的力量，早晨要高歌祢的慈愛；因為你作過我的高台，
在我急難的日子作過我的避難所。
我的力量啊，

我要歌頌祢，因為神是我的高台，是賜恩與我的神。

熄滅黑色蠟燭和棕色蠟燭，然後靜坐五分鐘左右，再熄滅其他蠟燭。

每三天重複一次此儀式，每次將兩根黑色蠟燭各向外移動一．五到五公分。持續重複儀式到黑色蠟燭碰觸到棕色蠟燭為止。

28

理解
發展判斷力

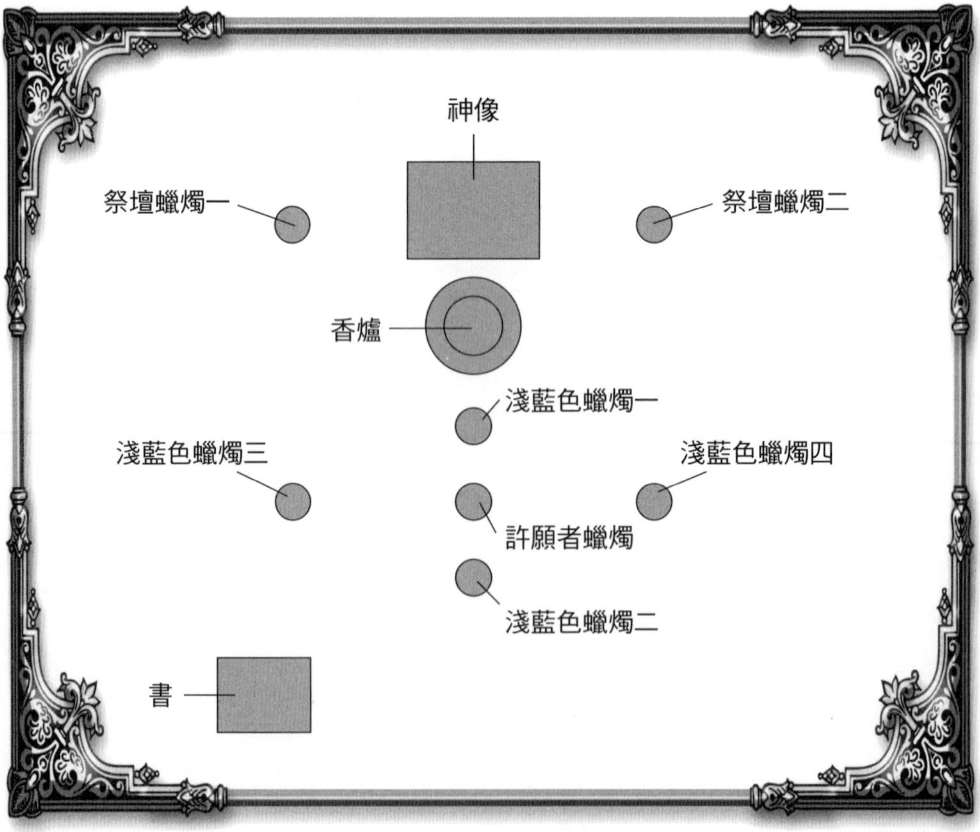

神像
祭壇蠟燭一
祭壇蠟燭二
香爐
淺藍色蠟燭一
淺藍色蠟燭三
淺藍色蠟燭四
許願者蠟燭
淺藍色蠟燭二
書

發展判斷力

點燃祭壇蠟燭一和二。

點燃線香。

點燃許願者蠟燭，同時觀想許願者的模樣。

點燃淺藍色蠟燭一、二、三和四。

花一點時間想像自己理解對方，看到了對方的觀點；同理對方。然後說：

（《詩篇》第一百三十三章）

看哪，弟兄和睦同居，是何等的善，
何等的美！
這好比那貴重的油澆到亞倫的頭上，
流到了鬍鬚，

又流到了他的衣襟。
又好比黑門的甘露降在錫安山，
因為在那裡有耶和華所命定的福，就是永遠的生命。

暫停片刻，然後複誦：

看哪，弟兄和睦同居，是何等的善，
何等的美！
這好比那貴重的油澆到亞倫的頭上，
流到了鬍鬚，
又流到了他的衣襟。
又好比黑門的甘露降在錫安山，
因為在那裡有耶和華所命定的福，就是永遠的生命。

暫停片刻，然後複誦：

看哪，弟兄和睦同居，是何等的善，
何等的美！
這好比那貴重的油澆到亞倫的頭上，
流到了鬍鬚，
又流到了他的衣襟。
又好比黑門的甘露降在錫安山，
因為在那裡有耶和華所命定的福，就是永遠的生命。

靜靜冥想一會兒，然後熄滅燭火。儀式每次要連續重複進行七天晚上。

附錄一——不要玩弄巫術

更黑暗的一面

在「大眾心理」當中，任何關於燃燒蠟燭的說法，都不可避免的與在蠟像上插針的巫毒教法術聯想在一起（實際上，這並不是特指巫毒教的法術，而純粹是黑魔法的行為）。蠟燭為了邪惡的目的能被黏住、燃燒，但那是非常危險的做法，很容易在施術者身上引發反噬，這也許有助於描述這個特殊的儀式。

施術者拿起一塊蠟或黏土，然後繼續運用它來形塑成一個人的概括形狀。施術者在捏塑的過程時間，牢牢的灌注意念在預定的受害者身上。這個人像的外型可能基本上非常粗糙，沒有臉或是身體的細節——僅有一個身體、兩隻胳膊和兩條腿——但施術者認為它代表了受害者。他想像受害者的臉就在人偶上，他看到了它身體的細節、姿勢、手勢。對他來說，這塑像就是受害者本人。

如果有任何屬於受害者的東西可以摻入蠟像裡面，這將會極大的有助於「辨識」。傳統上，像指甲、毛髮或類似的東西，它們在人偶與受害者之間將建立巨大的紐帶關係。

完成儀式後，這個人偶必須命名——模仿受洗。撒上鹽水，然後把它放在繚繞的薰香中，同時施術者以目標受害者的名字來稱呼它。完成之後，可以將它包裹在乾淨的白布裡面，放在一旁，直到需要派上用場為止。

為了發揮邪惡的魔力，施術者需要精緻、全新尚未使用過的大頭針。把蠟像放在自己面前，一次拿一根大頭針，戳進蠟像裡面，希望有件特別的事情發生。例如，他可能會用大頭針插進人偶的頭部說：「願——（對方的名字）被逼瘋！」或者他會刺向對方的胸膛說：「願——（對方的名字）心臟病發作！」要讓這種交感巫術生效，施術者必須非常激動、非常憤怒，必須對他或她的目標感到非常憤怒，如果他或她在場，施術者肯定會對之進行肢體攻擊那種程度的憤怒。

施術者必須採取的重大防禦措施，就是他或她處理大頭針的時候。當施術者刺入每一根針時，他或她必須非常小心，不要碰到任何已經插進去的針，如果施術者偶然碰到其中的一根針，**那麼整個詛咒（事實上的確是）將會回到施術者身上！**

有趣的是，在英國的一些地方，特別把針插在蠟燭上的習俗仍然很流行。按照傳統，如果一位年輕女子慘遭拋棄，她應該拿一根蠟燭——不一定是黑色的——點燃它。坐著面對蠟燭，把兩根新的大頭針從相反的兩端插進去，針應該要插得夠深，才能碰到燭芯。然後她詠唱：

「我不是想要燒這些針，而是想燒——（負心漢的名字）的心臟。願他難以成眠、寢食難安，直到他如我的願。」

然後她必須坐在那裡，看著蠟燭燒完，全程想著她的負心郎。

你可以從某些供應商那兒購買特殊的人形蠟燭——通常是紅色的女形和黑色的

男形蠟燭。這些簡陋的人形蠟燭中間有固定的燭芯，那就必須有一個屬於受害者的東西摻在上面，使它個人化。當然，還必須要灑淨、薰香跟命名。

當大頭針插進人形蠟燭，完成詛咒後，施術者可以點燃燭芯，讓蠟燭完全燃盡。這樣，詛咒就完全不能挽回了。

「榮耀之手」偶爾會在黑魔法跟術法的書籍中被提及，這實際上是一種燭台。事實上它是從被絞死的犯人身上得來的手。這個可怕的東西通常會豎立在壁爐架上，有五根蠟燭放在手指的指尖上。蠟燭都是黑色的。

根據十八世紀的著作*：

> 榮耀之手的作用是使看到它的人麻木，靜止不動好像死了一樣。它是這樣準備的：拿一個在公路邊被絞死的重罪犯左手或右手，包裹在葬禮棺木布罩的一部分裡面，把它包得妥妥當當，然後放入一個陶罐，跟銅鏽、硝石、鹽和蓽撥粉末（一種胡椒）放在一起。把它放在這個容器兩週，然後在三伏天（八月、九月跟

十月）把它拿出來在陽光下充分曝曬，直到它變得非常乾燥。如果陽光不夠大，就把它放進烤箱，跟蕨類與馬鞭草一起烤乾。然後用被絞死的罪犯脂肪、沒有用過的蠟、芝麻和馬糞做一種蠟燭，用榮耀之手做燭台……帶著這個邪惡的工具點燃時所到的每個地方，目睹者都會保持靜止不動。

亨利・加馬奇（Henri Gamache）聲稱發現了更現代版的榮耀之手範例，在《解開異教祕密的萬能鑰匙》（*The Master Key to Occult Secrets*），他說：

> 大約一公斤的塑形黏土做成人手的形狀，把幾縷髮絲、幾塊布從敵人或對手的衣服上取下來，或者從你想要輾壓的人身上取來，和黏土混在一起。在手掌弄

＊ 註：見彼得・阿爾伯特（Peter Albert）於一七二二年出版的作品《自然與神祕魔法的奇妙祕密》（*Secrets merveilleux de la magie naturelle et cabalistique*）。

個插座，大到足以容納一根蠟燭。

然後拿一根黑色蠟燭並塗上油，這種油可以是「困擾競敵油」（confusion oil）或是「卑躬屈膝油」（essence of bend over）。把油擦在蠟燭上，同時說：「我以此油，來駕馭你。」施術者集中注意力在此儀式的主題上。把蠟燭插在插座上，每到午夜就燃燒幾分鐘，連續七個晚上。

上述邪惡的法術，我都不推薦。它們本身是危險的，不僅要小心放置大頭針的位置，還可能會反噬施術者，被指定的受害者透過他或她所知的加倍奉還（運用「巫術瓶」或類似的東西）。因此，永遠不要試圖「玩弄」巫術。因為巫術是一種非常真切的力量，應該受到尊重。

附錄二——

朝向目標前進

在本書首次問世的幾年來，我收到了許多人的來信，他們由於生活的條件，不能點蠟燭、薰香或不能吟頌禱文。有些人和無法理解的父母、親戚或室友住在一起，有些則是因為好奇的鄰居會問東問西。一位女士說，她和許多貓住在一起，牠們肯定會搗亂擺放蠟燭的位置。所以他們都會問同樣的問題：「我能怎麼辦？有沒有一種簡單而有效的魔法，無須這些工具就能操作呢？」

有種巫術能夠滿足你的需求，並且近乎蠟燭魔法。它可以非常有效，幾乎可以在任何時間、任何地點進行。它就是創造性的觀想。

每個人都能夠想像，當你困在辦公室卻希望能去高爾夫球場時，閉上眼睛就能看到球場上光滑的果嶺、粗糙的果嶺、沙坑等等。這不難想像，當你渴了，很想喝一杯冰鎮啤酒（蘇打水或其他什麼）時，你可以閉上眼睛看到啤酒。「看到」它，事實上是透過具象化來產生更多的渴望，驅使你去追求獲得啤酒的目標。那麼，為什麼不讓這種具象化的方法為你所用呢？讓它創造出你最想要的東西。

這是否意謂著，如果你想中樂透贏得一百萬美金，只要閉上眼睛就能看到它，那麼它就是你的了？不，當然不是。就像所有的魔法（以及生活中的大多數其他事情）一樣，都有一定的規則；如果你要抵達你的目的地，就必須遵循某些路徑，而第一個規則是設定一個**務實的目標**。

我曾經住在一對兄弟——尤金與卡爾森家附近。他們在各方面都是截然不同的，無論是如何得到你想要的東西，還是如何得不到你想要的東西，總之，這兩者都可以做為極佳的範例。以工作為例，當你離開了學校，兩個男孩子都想要一份高薪的工作。卡爾森宣稱他絕不會滿足於一份低薪的工作……他要過上好日子！尤金沒說什麼，他就出去在當地的超市找了一份打包的工作，雖然報酬很低，但還算幸運。

幾個月過去了，卡爾森繼續尋找一份「不被貶低」的工作。與此同時，尤金被拔擢為收銀員，並且再從那裡晉升為副經理。

卡爾森不僅想要一份好工作，還想要一輛昂貴的新車。就在他不斷尋找的同時──他愈來愈痛苦──尤金則給自己買了一輛舊的二手大眾汽車。他工作一段時間，存了一點錢，就把它換成一輛更好的二手車了。

當然，卡爾森最終不得不崩潰了，他接受了他能找到的任何工作，他還覺得挺難捱的。那時尤金已經是一名店經理，擁有一輛嶄新的轎車了。

這段時間就像是一個設定現實目標的好範例。卡爾森的目標──從頂端開始，也就是擁有一份高階工作跟一輛新車──是不現實的。尤金一步一腳印的努力，則是務實的。現在，同樣類型的進步也適用於創造你的觀想上。你不可能憑空變出一輛嶄新的凱迪拉克，但如果你真的需要一輛新車，你當然可以憑空變出一輛二手車，然後從這裡繼續前進。

這是否意謂著，你永遠不能夠透過創造性的觀想得到一輛嶄新的轎車呢？不，這僅僅意謂著，對於某些事情，你可能需要採取幾個步驟才能達到目標，而不是只採取一個步驟。如果一輛新的凱迪拉克是你的人生目標——那麼要得到它還需要很多步驟。像尤金一樣，你應該從一輛二手車開始。要知道，這只是你想走的方向上的第一步。我知道那輛轎車很快就會被另一輛更好的二手車取代，而不久可能會有第三輛。但你也要知道，這些逐步的目標都是通向最終目標的，最終的目標……在那裡，你最終會賣掉你的最後一輛二手車，得到一輛全新的凱迪拉克。

所以，當你的最終目標看起來很遙遠的時候，設定階段目標，規劃出來。實際上，你認為要達到你想要的目標需要多少步驟呢？把它寫在紙上，然後做決定，這樣你就會知道你該往哪個方向走，以及需要多長的時間才能到達目的地。

除了一個務實的目標外，你還必須設定一個**務實的時間期限**。你的車——無論是新車還是舊車——不會在一夜之間出現在你的車道上。創造性的觀想不是一根魔法棒，揮動瞬間就能實現願望。就像所有的魔法一樣，你必須努力工作，所以要決定你得努力多久的時間。一般來說，一個月是一段很長的時間。事實上，正如你將在以下看到的，月相可以和你的創造性觀想互相配合。當然，並不是所有的事情都能在一個月內完成，但能以月份來考慮……一個月，兩個月，三個月，逐步達成。

買第一輛二手車，在一個月內是合理的。當你擁有了一輛車，並享受了一段時間後，你就可以開始考慮換新車了。一輛更好的車需要更長的時間，所以當你準備好要開始的時候，給目標兩個月的時間，以此類推，每一步都朝向最終的目標前進。

現在最重要的是把你的計畫寫在紙上，你的目標是什麼？如果有必要的話，階段性目標呢？時間期限呢？這裡是真正考慮到你的目標，將採取何種形式的地方。對於像是汽車這樣的東西，它是截然不同的。但是要設定一個「更好的工作」這樣的目標。是怎樣的工作呢？這工作在什麼方面是「更好」呢？是指更優渥的收入嗎？還是指更少的工時呢？是指更舒適的環境嗎？要非常**具體**。把條件都寫下來，這樣它就不僅僅是你腦海中一個模糊的想法。你想從那間破公寓搬到透天厝嗎？是怎樣的房子呢？是男爵的宅邸，或是樸實無華的小別墅呢（記住從小事開始）？不要含糊不清，寫下所有的細節，如果有必要就畫張圖。

對於創造性的觀想來說，圖片是很好的輔助工具。同樣，你可以用新車為範例——在你房間的牆壁上掛一張你想要的轎車照片。經常注視它，閉上眼睛，隨時都能看到它。看到它，就知道它是你的車了。對於你正在努力的其他事情也是如此。如果你沒有照片，掛一個字或是一句話，如：「**有著和善同事的愉快工作環境**」、「**微笑**」、「**麂皮布面夾克**」……用粗體字寫下來，掛在你房間的牆上，或者在梳妝台上的鏡子周圍。注視它，一直都看著它。

暫時回到這個目標是否務實的問題上——你確定你真的想要它嗎？如果你想要的是透天厝而非公寓，你能負擔得起透天厝嗎？你有沒有考慮過伴隨透天厝而非公寓的維修費、稅金、公設等等？你想要的那輛車……等你有了它，你能開得起嗎？你考慮過汽油、保險、稅金等等漲價嗎？

如你所見，當你希望改變時，有許多事情需要考慮。不過一旦你考慮了所有的利弊，並下定決心……**正向的思考**。確立你的目標，然後去實現它吧！這需要耐心。但這是可以做到的。

一般細節到此為止——現在是技術的環節。你什麼時候會做創造性的觀想呢？怎麼做的？在哪裡做？

你真的可以在任何地方這樣做，但是，為了達到最好的效果，我建議你做的事情，跟我給蠟燭儀式的建議差不多。要在一個安靜的地方，你聽不到音響或是電視的聲音。在你的臥室可能是最好的地方。要確保你在練習的時候可以二十分鐘不受打擾。

穿著舒適（或根本不穿衣服）。你可以坐在椅子上，也可以躺在床上。

如果你坐在椅子上，要有一個良好的背部支撐，最重要的是，要讓你坐著的時候背部挺直。無論你是坐著還是躺著，最重要的是讓你的脊椎盡可能的挺直，這把椅子可以有扶手，你可以把手臂放在上面。如果沒有扶手，就將你的手輕輕放在膝蓋上。

早上或傍晚的時候，可能是你進行觀想的最佳時刻。深夜就不太合適，因為你會很累，可能會睡著，所以要在你氣定神閒的時候做。並且嘗試在每天同一時間做觀想。

若你是在已點香的情境，那就在你練習時點一下香。任何香氣撲鼻的薰香都行，不過乳香、肉桂和洋乳香的混合物，更有助於集中注意力。

放鬆你的身體，開始做些深呼吸，試試下面的練習：

讓頭部完全向後伸展。

深呼吸三次。

回到挺直的位置。

頭部儘量往左傾斜。

深呼吸三次。

回到挺直的位置，頭部儘量往右傾斜，深呼吸三次，回到挺直的位置。

讓頭部往前傾斜，然後逆時針轉一圈，做三次。

重複最後一個練習，順時針轉動頭部三圈。

回到挺直的位置。

藉由鼻子進行一些短而急促的吸氣，直到肺部充滿空氣。保持一會，然後忽然從嘴裡呼出「哈！」的聲音。這樣做三次。

用右鼻孔慢慢的、完全的吸氣（若有必要，就按住左鼻孔）。保持這姿勢片刻，然後透過嘴慢慢吐氣。這樣做三次，然後重複，用左鼻孔吸氣，用右鼻孔呼氣。

現在感覺你的身體放鬆照常呼吸，但是深呼吸，集中意念，直到你可以想像整個身體包裹在一個白色光球裡面，這是淨化與保護的白光。

未將自己置於這白光之前，別開始任何心靈方面的練習。

現在，讓你的身體平靜下來，「全神貫注」在自己身上，吟誦一段讚美詩。如果你能大聲這樣做，那就這樣做吧！如果沒辦法（因為室友在身旁），那就小聲的對自己說。你可以吟誦《聖經》的《詩篇》第二十三章，或是《異教徒的席卡斯—威卡讚美詩》（*Pagan Seax-Wica Psalm*）＊

當我走過道路時，
我確實感覺到神的臨在。
我知道我所做的一切，
祂們都與我同在，
我也與祂們同在，
永永遠遠。
邪惡不會受到款待，
因為純潔寓居其中，
在我內外皆然。
因為我為美善而努力，

我為美善而活，
我熱愛一切。
直到永遠，如我所願！

我提到跟月相一起搭配，你遵循滿月，立刻展開你的儀式。你將會在一個月亮週期（二十八天）內進行。所以，即使你在月虧時分進行，你還是可以得到你最好的效果——並在漸盈階段達到高峰——即在下一次滿月達到高峰。這是必然的。

現在你已經準備好開始你的創造性觀想了。你是放鬆的，你是受保護的。你心中有一個明確的目標，並知道它能夠實現。

閉上眼睛，在你的腦海中看到你的目標。看著它，你知道**那是屬於你的**。不要

---

* 譯者註：出自本書作者一九八一年的作品。席卡斯．威卡（Seax Wica）是作者到了美國發展之後自創的新教派，因此這首讚美詩也是他所寫的。

只是希望它是你的，或者視它為正將要成為你的，而應是你曉得**它就是你的**。如果它是一輛車，想像你自己在駕駛它。觀想它在你的車庫裡。想像你正在擦亮它，加滿汽油。想像你把車鑰匙放進你的口袋。

如果這是一份工作，想像你在做這份工作。不僅僅是得到這份工作，而是已經在那裡工作了。如果是升遷，那就想像你在新的職位上了。我們創造了自己的實相，所以要以最積極的態度去做。透過觀想最終的結果——目標達成了，來創造它。

保持這種觀想狀態至少十分鐘。隨後，放鬆下來。慢慢的把自己帶回你的環境中。慢慢的驅散你周圍的白光，之後你會感到神清氣爽，而不是面目枯槁。

你每天都要做創造性的觀想，正面思考，並且有耐心。你會實現你的目標的。

BC1089

魔法蠟燭寶典

金錢、愛情、療癒，實現28種人生願望

Practical Candleburning Rituals: Spells and Rituals for Every Purpose

作　　者　雷蒙德．巴克蘭（Raymond Buckland）
譯　　者　Sada
責任編輯　田哲榮
協力編輯　朗慧
封面設計　斐類設計
內頁構成　李秀菊
校　　對　吳小微

發 行 人　蘇拾平
總 編 輯　于芝峰
副總編輯　田哲榮
業務發行　王綬晨、邱紹溢
行銷企劃　陳詩婷
出　　版　橡實文化ACORN Publishing
　　　　　地址：10544臺北市松山區復興北路333號11樓之4
　　　　　電話：02-2718-2001　傳真：02-2719-1308
　　　　　網址：www.acornbooks.com.tw
　　　　　E-mail：acorn@andbooks.com.tw
發　　行　大雁出版基地
　　　　　地址：10544臺北市松山區復興北路333號11樓之4
　　　　　電話：02-2718-2001　傳真：02-2718-1258
　　　　　讀者傳真服務：02-2718-1258
　　　　　讀者服務信箱：andbooks@andbooks.com.tw
　　　　　劃撥帳號：19983379戶名：大雁文化事業股份有限公司

印　　刷　中原造像股份有限公司
初版一刷　2021年3月
初版三刷　2022年6月
定　　價　450元
I S B N　978-986-5401-54-2

國家圖書館出版品預行編目資料

魔法蠟燭寶典：金錢、愛情、療癒，實現28種人生願望／雷蒙德．巴克蘭（Raymond Buckland）著；Sada譯. -- 初版. -- 臺北市：橡實文化出版：大雁出版基地發行, 2021.03
　面；　公分
譯自：Practical candleburning rituals : spells and rituals for every purpose.
ISBN 978-986-5401-54-2（平裝）

1.靈修　2.神祕主義

192.1　　　　　　110000485